〈頻出ランク付〉
昇任試験シリーズ **2**

地方自治法101問

【第8次改訂版】

地方公務員昇任試験問題研究会 編著

学陽書房

第8次改訂版にあたって

　本書は，昇任試験の合格を目指す自治体職員の方々に向けて，頻出ポイントを101に絞り込んだ地方自治法の問題集です。

　このたびの改訂では，請負禁止の範囲の明確化・緩和，災害等の場合の議会の招集日の変更（令4法101），地方議会の役割の明確化（令5法19）等といった最新の地方自治法改正を盛り込みました。

　さらに，最新の出題状況をふまえて全体を精査し，一部問題を見直して，第8次改訂版として発刊することといたしました。

　日々の実務にたずさわっている自治体職員にとって，昇任昇格試験の勉強というのは，いろいろな制約があるものです。例えば，仕事が忙しかったり，お酒のつきあいがあったり，家庭の問題があったり等さまざまな理由によって試験勉強が妨げられるのが普通です。

　昇任昇格試験を経験したメンバーで構成されている当研究会は，同様の悩みの中での学習を余儀なくされた自らの体験をもとに，平成7年に本書を誕生させました。受験者の方々が，最小限の労力で，昇任昇格試験の出題分野を短期間にマスターできることを狙いとして，本書は，次のような特徴をもっています。

○東京都及び東京23特別区，大阪府，埼玉県，札幌市，横浜市，神戸市などで実際に出題された昇任試験問題をもとに，試験突破のための必須101問を厳選収録した。

○101問の中でも，出題頻度の高い順に，★★★，★★，★の三段階のランクを付けてあるので，時間のない時など，頻度の高いものから学ぶと効果的である。

○五肢択一の問題を左頁に，各肢に対応する解説を右頁に，できるだけ条文，判例，実例を掲げるように努めた。

○難しい用語にはフリガナを，重要な語句には解説を施してあるので，辞典や参考書を見る手間が省略できる。

○「正解チェック欄」を設けてあるので，一度当たって解けなかった問題をチェックしておけば，試験直前の再学習に便利である。

　学ばなければいけないことの多い受験者にとって，このようなメリットをもつ本シリーズは，短い時間で効果の上がる問題集として非常に有効であると確信します。

　受験者各位が本書をフルに活用し，難関を突破されることを期待しています。

　　令和6年3月

　　　　　　　地方公務員昇任試験問題研究会

地方自治法 IOI 問・目次

地方自治及び地方公共団体

住　　　民

条例と規則

直接参政制度

議会と議員

執 行 機 関

議会と長との関係

行政委員会及び委員

法令名等略称

憲法 …………………… 日本国憲法（昭21）

法，自治法 ………… 地方自治法（昭22法67）

令 ……………………… 地方自治法施行令（昭22政令16）

地教行法 …………… 地方教育行政の組織及び運営に関する法律
（昭31法162）

地公企法 …………… 地方公営企業法（昭27法292）

行訴法 ……………… 行政事件訴訟法（昭37法139）

行服法 ……………… 行政不服審査（平26法68）

議会解散特例法 …… 地方公共団体の議会の解散に関する特例法
（昭40法118）

分権法，地方分権 … 地方分権の推進を図るための関係法律の整
一括法　　　　　　　備等に関する法律（平11法87）

最　判 ……………… 最高裁判所判決

行　実 ……………… 行政実例

法3②（図表内）…… 地方自治法第3条第2項

地方自治法 IOI 問

Q 1 地方自治の本旨

★★

憲法上の地方自治の本旨に関する記述として，妥当なのはどれか。

1 地方自治の本旨は，自治体に自治権を保障する住民自治と住民参加を保障する団体自治から成り立っている。

2 憲法は，地方公共団体の組織及び運営に関する事項を法律で定めることとしており，地方自治の内容をいかなるものにするかは，すべて国権の最高機関である国会の判断にゆだねられているものと解される。

3 一つの地方公共団体に適用される特別法については，住民投票により住民の過半数の同意を得なければ，国会は制定することができない。

4 地方自治の本旨に基づき，地方公共団体の運営を確保するものとして，地方公共団体の自治立法権，自治行政権，自治財政権及び司法権を保障している。

5 地方自治の本旨に基づき，地方公共団体は，国の統制のもとに法人格を有し，自ら権利義務の主体として事務を処理する権能を有している。

	1回目	2回目	3回目	
正解チェック欄				**A**

1　誤り。住民自治と団体自治の説明が逆である。「**団体自治**」とは，国家とは別個の独立した地域団体（自治体）の存在とその自治権を認めるということであり，対外的自治の原理である。「**住民自治**」とは，自分たちのことは自分たちで行うということであり，民主主義の要請からきている。すなわち，一定地域の行政は，その地域の住民の意思に基づいて行うべきであるということであり，自治体の内部的自治の原理である。単純化すれば，「団体自治」は枠の問題であり，「住民自治」はその中身の問題である。

2　誤り。憲法92条は「地方公共団体の組織及び運営に関する事項は，地方自治の本旨に基いて，法律でこれを定める」と規定している。自治体に関することは，地方自治の本旨（団体自治と住民自治）を生かす立法でなければならず，地方自治の本旨に反する法律は違憲無効である。

3　正しい（憲法95条）。特定の地方公共団体に不利益な法律が立法されることを防ぎ，地方公共団体の自治権を守るために，この制度ができた。例として，昭和24年の「広島平和記念都市建設法」や「長崎国際文化都市建設法」などがある。しかし，条例の方がよりふさわしいということで，その後はあまり例がない。

4　誤り。地方公共団体の運営を確保するものとして，地方公共団体の自治立法権，自治行政権及び自治財政権が保障されている（憲法94条）。しかし地方公共団体には司法権はないので，条例違反の罰則については，国の裁判所が審判することになる。

5　誤り。地方公共団体は，国から独立して法人格を有し，権利義務の主体となる。団体自治の原理から当然の要請である。

正解　3

Q 2 地方公共団体の意義

★

　憲法上の地方公共団体に関する記述として，妥当なのはどれか。

　1　地方公共団体の組織・運営に関する事項は，地方公共団体が自ら定める。

　2　地方公共団体に議会を置くことについては，地方自治法において定めることとされている。

　3　地方公共団体に立法機関としての議会を置くこととされている。

　4　一の地方公共団体のみに適用される特別法は，住民の投票において3分の2以上の同意を得なければ国会は制定できない。

　5　憲法上直接選挙されるべきものとしているのは，地方公共団体の長，議会の議員及び法律に定めるその他の吏員である。

| 正解チェック欄 | 1回目 | | 2回目 | | 3回目 | | Ⓐ |

1 　誤り。地方公共団体の組織・運営に関する事項は，地方自治の本旨に基づいて，「法律で」これを定める（憲法92条）。この規定を受けて，基本法である地方自治法をはじめ，地方自治関係の諸法律（地方公務員法，地方財政法，地方税法等）が制定されている。

2 　誤り。地方公共団体に議会を置くことについては，憲法93条1項に規定がある。

3 　誤り。地方公共団体には，「議事機関」として議会を設置する（憲法93条1項）。議会は単なる立法機関ではなく，多くの行政的機能（検査権，同意権等）を有し，**議決機関**として当該普通地方公共団体の住民が選挙した議員をもって組織される（自治法89条1項）。

4 　誤り。一の地方公共団体のみに適用される特別法については，住民の投票において「過半数」の同意が必要である（憲法95条）。

5 　正しい（憲法93条2項）。地方公共団体の組織については，長も議員も住民が直接選挙するという「大統領制（首長主義)」を採用している。議会の議員だけを住民が選挙し，その議会が長を選任する国の「議院内閣制」と対比される。

正解　5

Q 3 地方公共団体の種類

★

　地方自治法に規定する地方公共団体の種類に関する記述として, 妥当なのはどれか。

　1　普通地方公共団体は, 2段階7種類ある。市町村は都道府県の下部機関として位置付けられている。

　2　市になるための要件は4つあるが, まず, 人口が5万人以上, 市街地を形成する区域内の戸数が全人口の過半数以上なければならない。

　3　町は, 都道府県の条例で定める要件を備えなければならない。

　4　政令指定都市の要件は, 人口が100万人以上で, 一般の市より事務処理の権限が広く与えられている。

　5　特別区は, 特別地方公共団体であり, 政令指定都市の区と同様, 法人格がない。

| 正解チェック欄 | 1回目 | 2回目 | 3回目 | Ⓐ |

1　誤り。地方公共団体の種類（法1条の3）を図示する。

　　普通地方公共団体は，都道府県と市町村に分かれ，いわゆる二重構造になっている。都道府県と市町村は，法的には対等の法人であり，その間に上下関係はない。

2　誤り。市になるための要件は4つある（法8条1項）。まず，人口が「5万人」以上，市街地を形成する区域内の戸数が全戸数の「6割」以上であることなどが必要である。

3　正しい。法8条2項の条文どおり。

4　誤り。政令指定都市の要件は，人口50万人以上の市とされている（法252条の19）。従来は人口100万人前後という国の基準があったが，現在は70万人程度に緩和させている。政令指定都市は，都道府県の事務の一部を処理する権限が与えられている。

5　誤り。特別区は，特別地方公共団体であり，法人格を有する。平成12年の法改正により，「**基礎的な地方公共団体**」たる特別地方公共団体であり，法人格を有する（法281条の2・2項）こととなった。政令指定都市には，区又は総合区が設置されるが，法人格はない。三者の主な違いは次のとおり。

	特　別　区	区	総　合　区
位置づけ	地方公共団体の一つ（**法人格有り**）	指定都市の内部団体（**法人格無し**）	指定都市の内部団体（**法人格無し**）
区長	住民の直接選挙（特別職）	市長が職員から任命（一般職）	市長が議会の同意を得て選任（特別職）
区長の解職請求[Q21]	有り	無し	有り（主要公務員）
議会	有り	無し	無し

正解　3

Q 4 地方公共団体の名称

★

　地方自治法に規定する地方公共団体の名称の変更に関する
記述として，妥当なのはどれか。

1　都道府県及び政令で指定する人口50万人以上の市の名
　称を変更しようとするときは，法律でこれを定めなけれ
　ばならない。

2　都道府県以外の地方公共団体の長は，当該地方公共団
　体の名称を変更しようとするときは，あらかじめ総務大
　臣の許可を得なければならない。

3　市町村の名称を変更しようとするときは，住民投票が
　必要である。

4　市区町村は，その名称変更の条例を制定し，又は改廃
　したときは，直ちに都道府県知事に変更後の名称及び名
　称を変更する日を報告しなければならない。

5　一部事務組合の名称を変更しようとするときは，総務
　大臣又は都道府県知事の許可を受けなければならない。

| 正解チェック欄 | 1回目 | 2回目 | 3回目 | **A** |

　地方公共団体の名称は，従来の名称による（法3条1項）とされ，地方自治法が制定施行されたときの名称をそのまま用いる。地方公共団体の名称の変更は，住民の日常生活に重大な関係のある事項であり，慎重な手続きを必要としている。次の3種類がある。

地方公共団体	名 称 変 更 手 続
都道府県	**法律**で定める（法3②）。 この法律は，1つの地方公共団体のみに適用される特別法に該当し，当該地方公共団体の住民投票において過半数の同意が必要（憲法95）。
市町村 特別区 財産区	**条例**で定める（法3③）。 知事にあらかじめ協議を要す（同条④）。
地方公共団体 の組合	**組合の規約**で定める（法287①，291の4①）。

1　誤り。都道府県の名称を変更しようとするときは，法律で定めなければならない（法3条2項）。しかし，いわゆる政令指定都市については，一般の市と同様であり，法律で定める必要はない（法3条3項）。

2　誤り。総務大臣の許可ではなく，都道府県知事への協議が必要である（法3条4項）。

3　誤り。市町村の名称の変更については，法律で定めるわけではないので，憲法95条の「特別法」に該当せず，住民投票は必要ではない。

4　正しい（法3条5項）。

5　誤り。名称変更の許可は不要である（法286条1項但書）。

正解　4

Q 5 地方公共団体の区域

★

　地方自治法に規定する普通地方公共団体の区域に関する記述として，妥当なのはどれか。

　1　廃置分合と境界変更のうち，法人格の変動をもたらさない区域の変更を廃置分合という。

　2　都道府県の境界変更は法律で定められるので，都道府県の境界にわたる市町村の設置又は境界の変更については，法律で定めることとなる。

　3　二以上の都道府県を廃止し，それらの区域の全部による一の都道府県を設置する場合には，関係都道府県の申請に基づき，法律で定める。

　4　市町村の境界変更は，関係市町村の議会の議決を経た申請に基づき都道府県知事が当該都道府県の議会の議決を経て定め，直ちにその旨を総務大臣に届け出なければならない。

　5　市町村の境界に関し争論があるときは，都道府県知事は，すべての関係市町村の申請に基づかなければ，これを自治紛争処理委員の調停に付することはできない。

1　誤り。普通地方公共団体の区域は，その沿革を尊重して，従来の区域によることとしているが（法5条1項），人為的な変更を許している。区域の人為的な変更には次の2種類がある（法6条，7条）。

　　①**廃置分合**（**法人格の変動を伴う**地方公共団体の新設又は廃止により，区域の変更を生じる場合）

　　②**境界変更**（法人格の発生，消滅に関係のない**単なる境界の変更**）

2　誤り。都道府県の境界変更は法律で定める（法6条1項）。都道府県の境界にわたる市町村の設置又は境界の変更の場合は，法7条に基づき，市町村の境界変更の手続きがなされる。そして，都道府県の境界にわたって市町村の境界の変更があったときは，都道府県の境界も，同様に，自ら変更することになる（法6条2項）。

3　誤り。内閣が国会の承認を経て定める（法6条の2）。

4　正しい。条文どおり（法7条1項，6項）。また，総務大臣は，直ちにその旨を告示し，告示したときに境界変更は効力を生じる（同条7項，8項）。

5　誤り。市町村の境界に関する争論を**調停**に付するためには，「すべての関係市町村」の申請は不要で，関係市町村であれば，一つの市町村でも良い（法9条1項）。都道府県知事が**裁定**する場合には，「すべての関係市町村」の申請が必要となる（同条2項）。

正解　4

Q 6 地方公共団体の事務

★★

　地方自治法に規定する地方公共団体の事務に関する記述として，妥当なのはどれか。

1　都道府県は，市町村を包括する広域の地方公共団体として，地域における事務のうち，広域にわたるもの，市町村に関する連絡調整に関するもの及び統一的な処理を必要とするものを処理する。

2　都道府県及び市町村は，その事務を処理するに当たっては，住民の福祉の増進に努めなければならないが，相互に競合しないようにする必要はない。

3　国は，法律又はこれに基づく政令により地方公共団体が処理することとされている事務が自治事務である場合において，地方公共団体が地域の特性に応じて当該事務を処理することができるよう特に配慮する必要はない。

4　地方公共団体は，常にその組織及び運営の合理化に努めるとともに，他の地方公共団体に協力を求めてその規模の適正化を図らなければならない。

5　市町村及び特別区は，法令又は当該都道府県の条例に違反してその事務を処理してはならないが，法令に違反して行った市町村及び特別区の行為に限り，無効とする。

| 正解チェック欄 | 1回目 | 2回目 | 3回目 | A |

市町村と都道府県が処理する事務は次表のとおり。

市町村が処理する事務 （法2③④）	都道府県が処理する事務 （法2⑤）
基礎的な地方公共団体として ・都道府県が処理するもの以外の事務 　ただし，都道府県の処理が適当なものでも規模・能力に応じて処理可能	広域の地方公共団体として ①広域にわたる事務 ②市町村の連絡調整 ③規模・性質で市町村処理が不適当なもの

　自治事務とは，「地方公共団体が処理する事務のうち，法定受託事務以外の事務」である（法2条8項）。

　法定受託事務とは，「法律又はこれに基づく政令により地方公共団体が処理することとされる事務のうち，国（又は都道府県）が本来果たすべき役割に係るものであって，国（又は都道府県）においてその適正な処理を特に確保する必要があるものとして法律又はこれに基づく政令に特に定めるもの」である（法2条9項）。

1　誤り。上表のとおり，都道府県は，①，②の他，③規模，性質で市町村処理が不適当なものを処理する（法2条5項）。
2　誤り。都道府県及び市町村は，その事務を処理するに当たっては，相互に競合しないようにしなければならない（法2条6項）。
3　誤り。国は，法律又はこれに基づく政令により地方公共団体が処理することとされる事務が自治事務である場合においては，地方公共団体が地域の特性に応じて当該事務を処理することができるよう特に配慮しなければならない（法2条13項）。
4　正しい（法2条15項）。
5　誤り。市町村及び特別区は，法令又は当該都道府県の条例に違反してその事務を処理してはならない（法2条16項）。法令及び都道府県の条例に違反して行った市町村及び特別区の行為は，無効となる（同条17項）。

| 正解 | 4 |

Q. 7 法定受託事務

★★

地方自治法に規定する普通地方公共団体の事務に関する記述として，妥当なのはどれか。

1　普通地方公共団体は，その処理する事務が自治事務である場合においては，法律又はこれに基づく政令に違反しない限りにおいて条例を制定することができるが，法定受託事務である場合においては条例を制定する余地はない。

2　第1号法定受託事務とは，法律又は都道府県の条例により市町村又は特別区が処理することとされる事務のうち，都道府県が本来果たすべき役割に係るものであって，都道府県においてその適正な処理を特に確保する必要があるものとして，法律又は都道府県の条例に特に定めるものをいう。

3　普通地方公共団体の議会は，当該普通地方公共団体の自治事務については調査を行うことができるが，法定受託事務については調査を行うことができない。

4　法定受託事務に係る市町村長の処分に不服のある者は，都道府県知事に対して審査請求をすることができない。

5　普通地方公共団体の長は，法定受託事務に関して，国からの是正の要求に不服があるときは，国地方係争処理委員会に対し，審査の申出をすることができる。

| 正解チェック欄 | 1回目 | 2回目 | 3回目 | |

自治事務と法定受託事務の違いは次表のとおり。

	自治事務	法定受託事務
条例の制定権	法令に違反しない限り可能	同左
議会の権限（検査権，監査請求権，調査権）監査委員の権限	原則，権限が及ぶ（労働委員会及び収用委員会の権限に属する事務で政令で定めるものを除く）	原則，権限が及ぶ（国の安全を害するおそれがあることその他の事由により適当でないものとして政令で定めるものを除く）
行政不服審査	規定がなく，国の機関への審査請求はできない	所轄大臣，知事等に審査請求することができる
代執行（国の関与）	原則としてできない	一定の手続きを経てできる

1　誤り。法定受託事務に関しても，法令に違反しない限りにおいて，条例を制定することができる（法14条1項）。

2　誤り。第1号法定受託事務とは，法律又はこれに基づく政令により都道府県，市町村又は特別区が処理することとされる事務のうち，国が本来果たすべき役割に係るものであって，国においてその適正な処理を特に確保する必要があるものとして，法律又はこれ基づく政令に特に定めるものをいう（法2条9項1号）。

3　誤り。原則として議会の調査権は，すべての普通地方公共団体の事務に及ぶ（法100条）。例外的に及ばない範囲は，〔Q31検査権〕を参照。

4　誤り。市町村長が行う法定受託事務の場合，都道府県知事は市町村長の上級行政庁ではないので，法律に特別の定めがなければ審査請求の相手方は市町村長となる（行服法4条1号）。しかし，法定受託事務については，法令の適正な執行を確保する責務を負う立場にあるものによる審査の機会を確保するという趣旨から，審査請求の相手方は都道府県知事とするという特別の定めが置かれている（法255条の2・1項2号）。

5　正しい（法250条の13・1項）。

正解　5

Q 8　住民の意義及び権利義務

★★

　地方自治法に規定する住民に関する記述として，妥当なのはどれか。

1　住民は市町村の区域内に住所を有するという事実があれば足り，日本国民であるか，外国人であるかを問わない。

2　住民は市町村の区域内に住所を有する者で，かつ，住民基本台帳に登録されたものに限られる。

3　住民は市町村の区域内に住所を有する者で，かつ，公職選挙法に基づく選挙権のあるものに限られる。

4　住民は，自然人に限られ，法人は含まれない。

5　事務の監査請求は，当該地方公共団体に住所を有していれば，個々の住民が請求することができる。

1　正しい。市町村の区域内に住所を有する者は，当該市町村及びこれを包含する都道府県の住民とする（法10条1項）。すなわち，市町村の区域内に住所を有するという事実があれば，当然に住民の資格を取得する。日本国民たると外国人たるとに関係ない。

　　なお，外国人も住民の資格を有するが，個々の法令で日本国民と外国人を区別している場合が多い。地方自治法では，参政権，直接請求権については日本国民に限っている（法11条，12条，13条）。

2　誤り。住民登録等の公証的行為を必要としない。なお，「住所」とは，自然人については，生活の本拠をさす（民法22条）。必ずしも，住所は一つとは限らない。法人については，主たる事務所の所在地（一般社団法人及び一般財団法人に関する法律4条）又は本店の所在地（会社法4条）にあるものとしている。

3　誤り。選挙権を有するか否かを問わない。

4　誤り。自然人たると法人たるとを問わない。なお自然人の場合，性，年令，行為能力の有無を問わない。

5　誤り。事務監査請求は，当該自治体の事務（団体事務を含む）の執行に関する監査請求で，**直接請求の一つ**であり，選挙権を有する者の総数の50分の1以上の者から請求する必要がある（法75条1項）。なお，事務監査請求は，当該自治体の事務の執行の全体に及ぶものであり，法199条に規定されている監査委員の職務権限（財務に関する事務）より範囲が広い。また，個々の住民から請求できる**住民監査請求（法242条）との違い**にも注意が必要である（［Q 20事務監査請求］の解説の表を参照）。

正解　1

Q | 9　選挙権・被選挙権

★

　地方自治法に規定する普通地方公共団体の議会の議員及び長の選挙に関する記述として，妥当なのはどれか。

1　日本国民たる年齢満18年以上の者は，当該普通地方公共団体の議会の議員及び長の選挙権を有する。

2　年齢満18年以上の者で引き続き3カ月以上市町村の区域内に住所を有するものは，当該普通地方公共団体の議会の議員及び長の選挙権を有する。

3　日本国民たる年齢満18年以上の者は，市町村長の被選挙権を有する。

4　日本国民たる年齢満25年以上の者で引き続き3カ月以上市町村の区域内に住所を有するものは，当該普通地方公共団体の議会の議員の被選挙権を有する。

5　日本国民たる年齢満25年以上の者で引き続き3カ月以上市町村の区域内に住所を有するものは，当該市町村が属する都道府県知事の被選挙権を有する。

正解チェック欄	1回目	2回目	3回目	Ⓐ

　議員の被選挙権については，住所要件が必要であるが，**長の被選挙権については住所要件は必要ではない**（法19条2項，3項）。長については，住民以外の者からも広く人材を求めるためである。

1　誤り。選挙権の要件として，年齢のほかに引き続き3カ月以上，市町村の区域内に住所を有することが必要である（法18条）。

2　誤り。選挙権の要件として，日本国民であることが必要である（法18条）。

3　誤り。市町村長の被選挙権については，年齢満25年以上であることが必要である（法19条3項）。

4　正しい（法19条1項）。

5　誤り。都道府県知事の被選挙権については，年齢満30年以上であることが必要である（法19条2項）。なお，住所要件は不要である。

選挙権・被選挙権の要件

		年　齢	住所要件※	国　籍
選挙権（法18）		満18年以上	必　要	日本国民
被選挙権（法19）	議　員	満25年以上	必　要	
	知　事	満30年以上	不　要	
	市町村長	満25年以上	不　要	

※　引き続き3カ月以上市町村の区域内に住所を有する者。

正解	4

選挙年齢の引き下げ

　平成27年6月，公職選挙法・地方自治法等の一部を改正する法律が成立し，公布された（公布の日の1年後から施行）。これにより，選挙権年齢が「満20年以上」から「満18年以上」に引き下げられ，若い世代が積極的に政治に参加することが期待されている。

Q 10 条例の意義

★★

地方自治法に規定する条例に関する記述として，妥当なのはどれか。

1 条例は，普通地方公共団体が制定できる唯一の自主法である。

2 普通地方公共団体は，義務を課し，又は権利を制限するには，法令に特別の定めがある場合以外は，条例で定めなければならない。

3 都道府県は，その区域内の市町村の事務に関し，法令に特別の定めがあるものを除く外，条例で必要な規定を設けることができる。

4 普通地方公共団体の長は，議会の議決すべき事件について特に緊急を要するため議会を招集する時間的余裕がないことが明らかであると認めるときは，専決処分により条例を制定することができるが，この措置は臨時のものであって，次の会議において議会の承認が得られない場合には，その効力を失う。

5 住民は，条例の制定を請求する場合，当該地方公共団体の選挙権を有するものの総数の3分の1以上の連署をもって，その代表者から議会に直接これを行うこととされている。

| 正解チェック欄 | 1回目 | | 2回目 | | 3回目 | | Ⓐ |

条例は，普通地方公共団体がその自治権に基づいて，議会の議決により制定する自主法である。

1　誤り。普通地方公共団体が定める自主法は，条例のほかに長が定める規則がある（法14条1項，15条）。長は，法令に違反しない限りにおいて，その権限に属する事務に関し，規則を制定することができる（法15条1項）。

2　正しい（法14条2項）。平成12年施行の分権法による改正前は，行政事務とされていたものである。

3　誤り。分権法による改正前は，市町村の行政事務（住民の権利・自由を制限し，義務を課す権力的作用を内容とする事務）に関し，都道府県は本肢の条例を制定できた。この条例を「統制条例」といい，統制条例に違反する市町村の条例は無効とされた。

4　誤り。長は，専決処分をしたときは，次の会議において議会に報告し，議会の承認を求めなければならない（法179条3項）。しかし，議会の承認が得られなかった場合も，法律上処分の効力に影響はない（行実昭26.8.15）。

5　誤り。選挙権を有する者の総数の50分の1以上の連署をもって，長に対し，条例の制定の請求をすることができる（法74条1項）。

正解　2

Q | 11 条例制定権の範囲と限界

★

地方自治法に規定する条例に関する記述として，妥当なのはどれか。

1 条例の制定事項は，法律が認めたものに限られる。

2 法定受託事務については，国の事務であるから，条例を制定することができない。

3 地方公共団体の長その他の執行機関の専属的権限に属する事項については，条例を制定し得ない。

4 条例の制定事項は，住民に対する権力的作用を内容とする事務に限られる。

5 既に法律が規制している事項については，条例を制定することができない。

正解チェック欄	1回目	2回目	3回目	**A**

1 　誤り。条例は自治体の自主法であるから，法令に違反しない限りにおいて，条例を制定することができる（法14条1項）。

2 　誤り。法定受託事務も自治体の事務であるので，条例を制定することができる（［Q7法定受託事務］の解説を参照）。

3 　正しい。これについて規制するには，長等が規則を制定することになる。

4 　誤り。住民に義務を課し，権利を制限する権力的作用を内容とする事務については，法令に特別の定めがある場合を除くほか，条例で定めなければならない。しかし，それ以外の自治体の事務についても条例を制定できる。

5 　誤り。条例は，法令に違反しない限りにおいて制定できる（法14条1項）が，法令と条例との関係については次のようになる。

(1) 　国の法令がまったく規制していない場合（未規制領域）→ 条例で任意の規制ができる。

(2) 　既に法令が規制している場合（法律と同一事項の規制）

① 　法令の執行を妨げるとき→ 条例を制定できない

② 　法令の規制とは別目的のとき→ 条例を制定できる

③ 　法令の規制と同じ目的でより厳しい規制を定められるか（最判昭50.9.10参照）

　　ア 　法令が全国一律の均一的な規制をしているとき（**最大限規制立法**）→ 条例を制定できない

　　イ 　法令が最小限のナショナル・ミニマムの規制をしているとき（**最小限規制立法**）→ 条例を制定できる

正解 3

Q 12 条例の効力

★★

地方自治法に規定する条例に関する記述として，妥当なのはどれか。

1 条例は，法律と抵触することはできないが，命令なら差し支えない。

2 条例の形式的効力は，国の法令に劣るとはいえない。

3 特例事項を規定する条例は，一般的事項を規定する条例に優先する。

4 条例の効力は，当該地方公共団体の住民に対して適用があり，旅行でそこをたまたま訪れた者に対しては適用されない。

5 条例を遡及適用することは，法的安定性を害するので許されない。

| 正解チェック欄 | 1回目 | 2回目 | 3回目 | **A** |

1 誤り。普通地方公共団体は，法令に違反しない限りにおいて条例を制定することができる（法14条1項）。**法令**とは**法律**（国会が制定する法規範）と**命令**（国の行政機関が制定する法規範）をあわせて呼ぶ。**条例**は，自主法として，当該地方公共団体の区域内においてのみ適用される。しかし，同時に，条例は国の法令とともに国法秩序の中にあるので，国の法令の内容と矛盾抵触することは許されないのである。

2 誤り。法規の形式的効力とは，法規が憲法を頂点として全体が相互に上下の関係に立って，段階的な法秩序を構成していることに由来する法形式相互の優劣関係をいう。肢1で説明したところから，条例の形式的効力は国の法令に劣るのである。

3 正しい。相対的に適用領域が広い法を**一般法**，狭い法を**特別法**と呼ぶ。「地方公共団体の議会の解散に関する特例法」は，「地方自治法」よりも適用領域が狭いので，一般法である「地方自治法」に対し特別法である。

　　形式的効力を等しくしている法令間（条例間）においては，特別法と一般法との関係があるときは，一般的な慣行として**特別法が優先適用**される。

4 誤り。条例は，当該地方公共団体の区域内においてのみ適用されるが，その区域内においては，当該地方公共団体の住民であるか否かを問わず，すべての者に対して適用される。

5 誤り。新たに制定・改正された法律（条例）が，その施行以前に遡って適用されないという原則を**法律不遡及の原則**という。もし，そうでなければ，既得権を害したり，施行以前になされた予測を裏切るものとなり，法的安定性が害されるからである。しかし，法律の適用を受ける者に不利益にならない場合は法的安定性が害される心配はないので，遡及適用が可能である。例えば，貸付金条例，職員の給与条例について，額を引き上げる場合がある。

正解　3

Q 13 条例の制定手続

★

　地方自治法に規定する条例に関する記述として，妥当なのはどれか。

　1　条例案の議会への提出は，地方公共団体の長及び議会の議員並びに教育委員会，選挙管理委員会等の行政委員会に認められている。

　2　条例を設け又は改廃することは，議会の議決事項であり，議会で可決されたときは3日以内に議長から当該地方公共団体の長に送付しなければならない。

　3　条例案の議決は，原則として出席議員の過半数で決定するが，重要な条例については出席議員の3分の2以上の賛成が必要である。

　4　地方公共団体の長は，議長から議決書の送付を受けたときは，条例に特別の規定がない限り直ちに公布手続きを取らなければならない。

　5　条例は，公布されることによって完全に成立するが，公布の日から起算して10日を経過した日以降でなければ施行することができない。

| 正解チェック欄 | 1回目 | | 2回目 | | 3回目 | | (A) |

条例の制定手続の流れは次のようになる（法16条1項，2項，3項）。

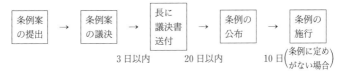

| 条例案の提出 | → | 条例案の議決 | → | 長に議決書送付 | → | 条例の公布 | → | 条例の施行 |

3日以内　　　　20日以内　　　　10日（条例に定めがない場合）

1　誤り。条例案の提出権は，長及び議員の両方にある（法149条1号，112条1項）。しかし，長以外の執行機関には認められていない。なお，条例の発案権として住民にも直接請求が認められている（法12条1項）。

2　正しい。前段については法96条1項1号。後段については法16条1項。

3　誤り。重要な条例でも，出席議員の3分の2以上の賛成が必要な場合は，地方公共団体の事務所の位置に関する条例（法4条3項）と再議の議決（法176条3項）の場合などに限られている。それ以外の重要な条例については，原則どおり，出席議員の過半数で決定する（法116条1項）。

4　誤り。長は，条例の送付を受けた場合は，その日から20日以内に公布しなければならない。ただし，再議その他の措置を講じた場合はこの限りでない（法16条2項）。「再議その他の措置」とは，法176条の再議や出訴等を指し，その場合には公布しないことが可能である。

5　誤り。条例の施行期日は，通常は条例の附則で定められる。「公布の日から施行する」とされる例もある。この定めがないときは，公布の日から起算して10日を経過した日から施行される（法16条3項）。また，条例が現実に効力を持つには，公布されて，かつ，施行されることが必要である。

正解　2

Q 14 条例と規則の罰則

★

　地方自治法に規定する条例又は規則に定める罰則に関する記述として，妥当なのはどれか。

　1　普通地方公共団体の長は，条例違反に対する罰則が法律に規定されている場合にのみ刑罰を科することができる。

　2　条例違反者に対して科し得る罰則の種類は，懲役，禁錮又は罰金などの行政刑罰だけであり，秩序罰としての過料は科し得ない。

　3　条例に定める罪に関する事件は，地方公共団体がこれを管轄する。

　4　行政罰と刑事罰との間には質的な差異があるので，行政罰については原則として刑法総則の適用は認められない。

　5　規則違反に対する過料には，刑法総則が適用されず，地方税の滞納処分の例により強制徴収される。

正解チェック欄	1回目	2回目	3回目	**A**

1　誤り。自治体は法令に特別の定めがある場合を除くほか，独自に条例違反者に対し刑罰を科することができる(法14条3項)。

　　憲法が，法律で刑罰を定めることとしていることから（憲法31条），罪刑法定主義との関連で問題となるが，条例は民意を代表する議会で制定されるものであるから，憲法に反しないと解されている。

2　誤り。条例違反者に対して科し得る罰則の種類は，**行政刑罰**としての懲役※，禁錮※，罰金，拘留，科料，没収及び**秩序罰**としての過料である（法14条3項）。

3　誤り。行政刑罰に関しては，国の裁判所が管轄する。自治体には司法権がない。ただし，秩序罰たる過料については，肢4・5の解説のとおり自治体が管轄する。

4　誤り。**刑事罰**とは，殺人，窃盗など反社会的・反道義的な行為に対して科せられる罰であり，当然刑法総則（刑の減免や執行猶予等の規定）が適用される。

　　それに対し，**行政罰**とは，行政法上の義務違反行為に対して制裁として科せられる罰である。行政罰には，**行政刑罰**（刑法に定める刑罰を科するもので，刑法総則の適用がある。）と**秩序罰**（刑罰ではないので，刑法総則の適用はない。）がある。

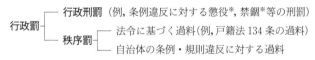

　　※　令7.6.1より，懲役・禁錮が拘禁刑に一元化。

5　正しい。過料は，行政上の秩序違反行為に対する制裁としての**秩序罰**であり，刑罰ではないので，刑法総則は適用されない。過料は，長が納入の通知をし督促してから，地方税の滞納処分の例により強制徴収できる（法231条の3・1項，3項）。

正解　5

Q 15 規 則

★★

　地方自治法に規定する規則に関する記述として，妥当なのはどれか。

1　普通地方公共団体の長が規則を制定する場合は，当該普通地方公共団体の議会の承認を経なければならない。

2　規則は，法律の委任に基づく政令のごとき関係に立つものであって，条例の委任を受け又は条例を執行するために定められるものである。

3　公の施設の設置及びその管理に関する事項については，法令に特別の定めがある場合のほかは，条例の専属的所管となっているので，原則として規則で制定し得ない。

4　議会の議決を要すべき事項に属さない事務であれば，長はすべて規則を制定し得る。

5　普通地方公共団体の長が定めた規則と当該地方公共団体の行政委員会が定めた規則で，競合的な所管事項について相互に矛盾抵触するときは，行政委員会の規則の効力が長の規則に優先する。

| | | 1回目 | | 2回目 | | 3回目 | | | |

正解チェック欄　　A

1　誤り。長は，法令に違反しない限りにおいて，その権限に属する事務に関し，規則を制定することができる（法15条1項）。規則も条例と同様，自主法の性質を有する。条例が地方公共団体の事務に関して議会の議決により制定されるものであるのに対し，規則は長の権限に属する事務に関して議会の関与なしに長が制定するものである。

　　規則は，内容から次の2つに分類される。

　　① **法規**（住民の権利義務に関するもの）たる性質を有するもの
　　　（例）義務を課す条例の施行規則

　　② **行政規則**（住民の権利義務に関せず，地方公共団体の内部的事項に関するもの）の性質を有するもの
　　　（例）財務規則

2　誤り。地方自治法は，大統領制を採用し，議会と長はともに住民を直接代表する立場に立つ。したがって，議会が定める条例と長が定める規則とは別個の独立した法規である。ただ，公害防止条例施行規則のように，条例の委任を受けて定められるものが多い。

3　正しい。義務を課し，権利を制限する事項及び公の施設の設置及び管理に関する事項は，条例の専管事項とされている（法14条2項，244条の2・1項）。これらの事項については，直接，規則で定めることはできない。しかし，肢2の後半の説明のように条例の委任を受けて，規則で細目を定めることが多い。

4　誤り。議会の議決を要すべき事項（法96条）については，規則を制定できないことはもちろんであるが，肢3での説明のとおり，条例の専管事項については規則を制定できない。

5　誤り。行政委員会は，普通地方公共団体の長の規則に違反しない限りにおいて，規則を定めることができる（法138条の4・2項）。

正解　3

Q. 16 条例と規則の関係

★

　地方自治法に規定する条例と規則の関係に関する記述として，妥当なのはどれか。

1　条例は当該普通地方公共団体の住民に限らず，区域内のすべての者にその効力が及ぶが，規則は，住民に対してのみその効力が及ぶ。

2　条例及び規則で住民の権利義務に関する定めを設けるには，法令の委任を要しない。

3　条例は，自治事務及び法定受託事務について制定することができるが，規則は法定受託事務についてのみ制定することができる。

4　条例には，法令の個別的委任がなくても刑罰規定を設けることができるが，規則には，法令の個別的委任がなければ刑罰規定を設けることができない。

5　条例の廃止は規則で行うことができ，議会の議決を要しない。

1　誤り。条例及び規則は，地方公共団体又はその長がその団体の地域内の生活関係を規律するものであるから，その地域内にあるすべての人に対して効力を有するのが原則である。すなわち，その地域内においては，当該地方公共団体の住民に限らず，たまたま訪れたにすぎない旅行者にも効力が及ぶ。

2　誤り。条例で，住民の権利義務に関する定めを設けるには法令の委任を要しない。しかし，規則で住民の権利義務に関する定めを設けるには，条例の委任がある場合に限る（法14条2項）。

3　誤り。条例，規則共に，自治事務及び法定受託事務について制定することができる。ただし，規則は，長の権限に属する事務に限る（法14条1項，15条1項）。

4　正しい。条例には法規としての実行性を保障するため，刑罰規定を包括的に定めることが認められている。一方，規則には秩序罰たる過料（刑罰でない）を設けることができるが（法15条2項），刑罰規定を設けることはできない。ただし，法令の個別的な委任があれば，刑罰規定を設けることができる。罰則については，〔Q 14条例と規則の罰則〕の解説を参照。

5　誤り。条例と規則とは別個の独立した自主法であるから，条例を廃止するには条例に依らなければならない。

正解　4

Q. 17 直接参政制度

★★★

　地方自治法に規定する直接参政制度に関する記述として，妥当なのはどれか。

1　直接請求以外の直接民主主義的制度として，住民投票の制度，住民監査請求及び納税者訴訟がある。

2　直接請求は，間接民主制の欠陥を是正するためのものであり，住民であればだれでもすることができる。

3　事務監査請求は住民みずからが監査することを認めたわけではなく，監査委員に監査を請求するものであるが，監査委員はこの請求に拘束されず，監査を実施しないことができる。

4　すべての直接請求には，1年又は6カ月の請求制限期間がある。

5　直接請求としては，条例の制定又は改廃の請求，事務監査の請求，議会の解散の請求及び議員，長等の解職の請求がある。

正解チェック欄	1回目	2回目	3回目	

1　誤り。憲法は，地方公共団体に議会と長を置き，両者をとも
　に住民が直接選挙することとして原則として間接民主制の方式
　を採用した（憲法93条）。しかし，これだけでは住民自治の要請
　に応えるためには十分ではないので，住民が直接に地方行政に
　参加するようにしている。直接参政制度としては，直接請求，
　住民投票，住民監査請求及び住民訴訟がある。住民訴訟は，ア
　メリカの納税者訴訟制度を模範にしているが，納税者であるこ
　とを要件とはしていない。

2　誤り。直接請求は，直接参政制度であるから，住民であれば
　だれでもできるというわけではなく，「選挙権を有する者」（法
　74条等）が行使することができる。

3　誤り。監査委員は住民の請求に拘束され，監査を実施しなけ
　ればならない（法75条3項）。そして，監査委員は，監査の結果
　を請求代表者に送付し，公表するとともに，議会，長及び関係
　委員会に提出しなければならない。

4　誤り。1年又は6カ月の請求制限期間があるのは，議会の解
　散，議員・長・主要公務員の解職請求である。条例の制定改廃
　及び事務監査の直接請求には，請求期間の制限はない。議員の
　解職請求において請求制限期間がある理由は，解職請求により
　選挙の結果を覆し，その濫用によって議員の地位を不安定にす
　るからである。

5　正しい。［Q 18直接請求］の解説を参照。

正解　5

Q 18 直接請求

★★★

　地方自治法に規定する直接請求に関する記述として，妥当なのはどれか。

1　条例の制定又は改廃の請求は，選挙権を有する者の総数の50分の1以上の連署をもって普通地方公共団体の長に対して行われ，公務員がその地位を利用して署名運動をしたときは，処罰される。

2　事務の監査請求の制度においては，住民監査請求の制度とは異なり，監査委員の監査に代えて，外部監査人の監査によることを求めることは認められていない。

3　議会の解散請求は，選挙権を有する者の総数の5分の1以上の連署をもって普通地方公共団体の選挙管理委員会に対して行われ，当該議会の議員の一般選挙のあった日又は解散請求に基づく投票のあった日から1年間は，行うことができない。

4　長の解職請求は，普通地方公共団体の議会の議長に対して行われ，この請求があったときは，議長は，請求の要旨を公表するとともに，議会に付議しなければならない。

5　主要公務員の解職請求は，普通地方公共団体の長に対して行われ，この請求があったときは，長は，意見を附けて議会に付議しなければならず，議員の過半数の同意により，当該公務員は失職する。

正解チェック欄	1回目	2回目	3回目	**A**

1　正しい（法74条1項，74条の4・5項）。

2　誤り。外部監査法人の監査によることが認められる場合は，事務監査請求と住民監査請求は同じである（法252条の39・1項，252条の43・1項）。

3　誤り。3分の1以上の連署が必要である（法76条1項）。

4　誤り。長の解職請求は，選挙管理委員会に対して行われる（法81条1項）。

5　誤り。意見を付す必要はない。また，議員の3分の2以上の者が出席し，その4分の3以上の者の同意があったときは，当該公務員は失職する（法87条）。なお，主要公務員とは，「副知事（副市町村長），指定都市の総合区長，選挙管理委員，監査委員，公安委員会の委員」をいう（法86条1項）。

種　類	必要署名数	請　求　先	請求後の措置等
条例の制定改廃 （法74）	選挙権を有する者の総数の1/50以上	地方公共団体の長	長は議会の招集（20日以内）→意見を付けて付議
事務監査 （法75）	同　上	監査委員	監査実施
議会の解散 議員の解職 長の解職 （法76～85）	選挙権を有する者の総数の1/3以上※	選挙管理委員会	選挙人の投票→過半数の同意→議会は解散，議員・長は失職
主要公務員の解職 （法86・87）	同　上	地方公共団体の長	長は議会に付議→議員の2/3以上が出席し，その3/4以上の同意→失職

※　総数が40万超80万以下の部分は1/6，80万超の部分は1/8を合算して得た数になる（法76条1項，80条1項，81条1項，86条1項）。

正解　1

Q 19 条例の制定改廃の直接請求

★★

地方自治法に定める条例の制定又は改廃の請求に関する記述として，妥当なのはどれか。

1　条例の制定又は改廃の請求権者は，当該普通地方公共団体の年齢満18歳以上の住民である。

2　条例の制定又は改廃の直接請求は，当該普通地方公共団体の有権者の総数の3分の1以上の者の連署をもってその代表者から請求することが必要である。

3　条例の制定又は改廃の請求代表者は，当該普通地方公共団体の選挙管理委員会に対して条例の制定又は改廃を請求しなければならない。

4　地方税及び国民健康保険料の賦課徴収並びに分担金，使用料及び手数料の徴収に関する条例については，その条例の制定又は改廃を請求することはできない。

5　普通地方公共団体の議会は，条例の制定改廃の請求により付議された事件の審議を行うに当たっては，当該請求の代表者に意見を述べる機会を与えなければならない。

| 正解チェック欄 | 1回目 | | 2回目 | | 3回目 | | |

1　誤り。条例の制定改廃の請求権者は，当該地方公共団体の議会の議員及び長の選挙権を有する者である（法74条1項）。つまり，日本国民で年齢満18歳以上の住民で，引き続き3カ月以上当該地方公共団体の区域内に住所を有することが必要である（法18条，公職選挙法9条2項）。

2　誤り。条例の制定改廃の直接請求は，有権者の総数の50分の1以上の者の連署をもって請求する（法74条1項）。

3　誤り。請求代表者は，当該地方公共団体の長に対して条例の制定改廃を請求しなければならない（法74条1項）。

4　誤り。国民健康保険料の賦課徴収に関する条例の制定又は改廃は，直接請求の対象となる。一方，地方税の賦課徴収など地方公共団体の収入に関する条例についての請求は，これを認めると，負担が軽くなるからということで署名が集まりやすく地方公共団体の財政的基礎をゆるがすことになるという理由で認めていない（法74条1項）。

5　正しい（法74条4項）。

正解　5

Q 20 事務監査請求

★★

地方自治法に規定する事務の監査請求に関する記述として，妥当なのはどれか。

1 事務の監査請求の請求者は，普通地方公共団体の住民であり，法律上の行為能力を認められている限り，法人たると個人たるとを問わない。

2 監査委員は，独任制機関であり，特定個人たる監査委員に対して，事務の監査請求をすることができる。

3 普通地方公共団体の特定の事務又は特定の事業の経営を私人に委託した場合，当該私人の処理する事務は，直接請求による監査の対象とならない。

4 監査委員は，事務の監査請求があったときは，これを監査し，その結果を請求代表者に送付しなければならないが，請求の要旨を公表する必要はない。

5 事務の監査請求の請求者は，監査委員の監査の結果に不服があるときは，訴訟により争うことができる。

		1回目		2回目		3回目		
	正解チェック欄							Ⓐ

まず，事務監査請求と住民監査請求は次表のとおり。

	事務監査請求（法75）	住民監査請求（法242）
目的	自治行政全般の責任の所在及び行政運営の適否を明らかにする	具体的な職員の違法・不当な財務会計上の行為を是正する
請求の対象事項	地方公共団体の事務全般	長その他の機関又は職員の具体的な財務会計上の行為（違法・不当な公金の支出等）
請求人	選挙権者の1/50以上の連署により代表者が請求	住民であれば1人でも可能（法人も可能）
監査結果の措置	・代表者に通知 ・公表 ・議会，長，関係執行機関に**報告**	・請求人に通知 ・公表 ・請求に理由があるときは，議会，長，関係執行機関，職員に必要な措置を**勧告**
請求期間	期間制限なし	当該行為があった日（終わった日）から1年以内。ただし，正当理由があれば可能
監査結果に不服のとき	出訴できない（民衆訴訟は，法律に定めがある場合に限るため）	一定の要件で，住民訴訟の提起が可能（法242の2）

1　誤り。当該地方公共団体の選挙権を有する者の総数の50分の1以上の連署をもって請求しなければならない（法75条1項）。

2　誤り。監査委員は独任制機関である。しかし，監査請求は，監査員たる機関に対する請求を認めたものであり，特定個人たる監査委員に対しての請求を認めたものではない（行実昭26.7.30）。

3　正しい（行実昭44.5.8）。

4　誤り。監査委員は，事務の監査請求があったときは，直ちに当該請求の要旨を公表しなければならない（法75条2項）。

5　誤り。事務監査請求においては，監査の結果に不服があっても請求者は訴訟を提起できない。自己の権利義務に係わらない民衆訴訟は，法律の定める場合においてのみ提起できるからである（行訴法42条）。

正解　3

Q | 21 解職請求

★

地方自治法に規定する直接請求に基づく普通地方公共団体の議会の議長，長，又は主要公務員の解職の請求に関する記述として，妥当なのはどれか。

1 普通地方公共団体の長の解職の請求は，当該普通地方公共団体の議会の議長に対して行われ，議会において出席議員の3分の2以上の者の同意があったときは，長はその職を失う。

2 普通地方公共団体の議会の議員の解職の請求は，当該普通地方公共団体の議会の議長に対して行われるが，議員の就職の日から1年間は，これをすることができない。

3 普通地方公共団体の議会の議員の解職の請求は，当該普通地方公共団体の長に対して行われ，長はこれを議会に付議し，過半数の議員の同意があると，その議員は失職する。

4 普通地方公共団体の副知事又は副市町村長の解職の請求は，当該普通地方公共団体の長に対して行われ，この請求があったときは，長は当該普通地方公共団体の議会に付議するに当たって意見を付さなければならない。

5 普通地方公共団体の選挙管理委員の解職の請求は，当該普通地方公共団体の長に対して行われるが，選挙管理委員の就職の日から6カ月間は，これをすることができない。

| | 正解チェック欄 | 1回目 | | 2回目 | | 3回目 | | **A** |

公務員の選定罷免を国民固有の権利とする憲法15条1項に基づき，議員・長等の罷免を認めるリコールの制度を認めたのが，直接請求としての解職請求制度である。

議員・長の解職請求と主要公務員（副知事，監査委員など）の解職請求の違いは，前者が住民の選挙によって選ばれる点にある。

	議員・長の解職請求	主要公務員の解職請求
必要署名数	選挙権を有する者の総数の3分の1以上※）（法80，81）	同左（法86）
請求の受理機関	選挙管理委員会（法80，81）	地方公共団体の長（法86）
請求後の措置	選挙人の投票（法80，81）	議会に付議（法86）
措置による効果	過半数の同意があれば，失職する（法83）	議会で議員の2/3以上が出席し，その3/4以上の同意があれば失職する（法87）
請求制限期間	その就職の日から1年間（法84）	その就職の日から副知事・副市町村長・指定都市の総合区長は1年間，選挙管理委員等は6カ月間（法88）

※ 総数が40万を超え80万人以下の場合は，「40万を超える数× $\frac{1}{6}$ ＋40万× $\frac{1}{3}$ 」に，総数が80万を超える場合は，「80万を超える数× $\frac{1}{8}$ ＋40万× $\frac{1}{6}$ ＋40万× $\frac{1}{3}$ 」になる。

1 誤り。長の解職請求は，選挙管理委員会に対して行う（法81条）。また，選挙人の投票で過半数の同意により失職する（法83条）。

2及び3 誤り。議員の解職の請求は，選挙管理委員会に対して行う（法80条）。選挙人の投票で過半数の同意により失職する（法83条）。

4 誤り。意見を付す必要はない（法86条3項）。

5 正しい。法86条1項，88条2項。

正解 5

Q 22 議会の地位及び組織

★★

　地方自治法に規定する普通地方公共団体の議会に関する記述として，妥当なのはどれか。

1　普通地方公共団体の議会は，住民の代表機関であり，国会が国権の最高機関であるのと同様に自治体の最高機関である。

2　普通地方公共団体に議事機関として議会を置くべきことは，憲法が直接定めるところであり，議会に代えて町村総会を設けることはできない。

3　議会は，普通地方公共団体の唯一の立法機関である。

4　普通地方公共団体の議会は，審議の徹底を図り，能率的な議事の運営を期するため，常任委員会を設置することができる。

5　普通地方公共団体の議会は，議会の庶務事務を処理し，議会の自主的な活動を確保するため，議会事務局を置かなければならない。

| 正解チェック欄 | 1回目 | 2回目 | 3回目 | |

1　誤り。自治体の議会は，国会とは違い，自治体の最高機関ではない。自治体においては，議会（の議員）と長がともに住民の直接選挙によって選ばれ，ともに住民の代表機関となる**首長主義**（**大統領制**）を採用している（憲法93条）。議会と長は対等の関係にあり，それぞれの権限を自らの責任において行使するのである（［Ｑ２地方公共団体の意義］の解説を参照）。

2　誤り。憲法93条１項は，地方公共団体には，法律の定めるところにより，議会を設置することを定めており，間接民主制を採用している。間接民主制とした理由には，物理的，技術的に直接民主制を採用することが困難になったことに加え，高度に専門化した現代社会にあっては，それぞれの専門分野を専門家に委ねた方が適当であるという判断がある。しかし，小規模な町村において，間接民主制を採用する必要がない場合は，議会を置かず，選挙権者全員で構成する**町村総会**を条例で設置することを認めている（法94条）。

3　誤り。自治体の議会は唯一の立法機関ではない。議会は条例を制定する権限を有するが（法96条１項１号），長も自主法たる規則を制定する権限を有している（法15条１項）。また，議会は執行機関たる長の管理執行につき検閲・検査を行うなど（法98条等），多くの行政的機能を有している。すなわち，議会は単なる立法機関ではなく，「**議事機関**」として位置付けられるのである（法89条１項）。

4　正しい。議会は，議会の内部機関として，条例で委員会を設けることができる（法109条）。なお，委員会の設置は任意である。

5　誤り。議会事務局は，都道府県においては，必置であるが，市町村においては任意である（法138条１項，２項）。

正解　4

Q 23 議員定数

★

地方自治法に規定する普通地方公共団体の議会の議員定数
に関する記述として，妥当なのはどれか。

1 都道府県の議員定数は，条例で定めるが，申請に基づ
 く都道府県合併の場合を除き，特別選挙の場合でなけれ
 ば，定数の変更を行うことができない。

2 都道府県の議員定数は，法定の上限数の範囲内で条例
 で定めるが，申請に基づく都道府県合併の場合を除き，
 一般選挙の場合でなければ，定数の変更を行うことがで
 きない。

3 都道府県の議員定数は，条例で定めるが，申請に基づ
 く都道府県合併により著しく人口の増加があった場合は，
 議員の任期中においても，定数を増加することができる。

4 市町村の議員定数は，法定の上限数の範囲内で，条例
 で定めるが，廃置分合又は境界変更の場合を除き，一般
 選挙の場合でなければ，定数の変更を行うことができな
 い。

5 市町村の議員定数は，条例で定めるが，廃置分合又は
 境界変更により著しく人口の増減があった場合は，一般
 選挙の場合に限り，定数を増減することができる。

正解チェック欄	1回目		2回目		3回目		Ⓐ

　議員定数については，条例で自由に定めることとなった。自治体の運営の自由度の拡大を図る観点から，上限数を人口に応じて定めている規定を撤廃した（平成23年の法改正により施行）。改正後の規定は次のとおりである。

①　議員定数は，条例で定める（法90条1項，91条1項）。

②　議員定数の変更は，申請に基づく都道府県合併又は市町村の廃置分合・境界変更の場合を除き，一般選挙の場合に限る（法90条2項，3項，91条2項，3項）。なお，「一般選挙」とは，議員の全部についての選挙をいう。議員の任期満了，議会の解散，議員の総辞職による選挙等である。

1　誤り。都道府県の議員定数の変更は，申請に基づく都道府県合併の場合を除き，一般選挙の場合に限る（法90条2項，3項）。

2　誤り。都道府県の議員定数は，条例で定める（法90条1項）。法定の上限数の規制は撤廃された。

3　正しい（法90条1項，3項）。

4　誤り。市町村の議員定数は，条例で定める（法91条1項）。法定の上限数の規制は撤廃された。

5　誤り。市町村の議員定数は，廃置分合又は境界変更により著しく人口の増減があった場合は，議員の任期中においても，議員定数を増減することができる（法91条3項）。

正解	3

Q 24 議員の活動

★

地方自治法に規定する普通地方公共団体の議会の議員に関する記述として，妥当なのはどれか。

1 　議会の議員は，議会の許可を得て辞職をすることができるが，閉会中に辞職することはできない。

2 　議会の議員は，自己，配偶者及び二親等内の血族が従事する業務に直接の利害関係のある事件については，その議事に参与することはできない。

3 　議員は，国会議員と同様に議会で行った演説，討論又は表決について議会外で責任を問われることがない。

4 　議会の選挙は単記，無記名によるのが原則であり，たとえ議員に異議がなくとも選挙について指名推選の方法を用いることはできない。

5 　議会は，議員の被選挙権の有無に関して決定権を有しない。

| 正解チェック欄 | 1回目 | 2回目 | 3回目 | A |

1 　誤り。議員は，開会中は議会の許可を得て，閉会中は議長の許可を得て辞職することができる（法126条）。

2 　正しい。この場合を議員の**除斥**（じょせき）という（法117条）。議員が議題となっている事件と密接な関係にあるときは，議事に参加することが審議の公正と信用からみて適当でないからである。なお，二親等内の血族とは，父母，祖父母，子，孫，兄弟姉妹（その配偶者も含む）をいう。

3 　誤り。国会議員には，議院で行った演説，討論又は表決について院外で責任を問われないという**免責特権**が与えられているが（憲法51条），地方公共団体の議員にはこのような特権はない。また，国会議員に認められている**不逮捕特権**（憲法50条）もない。

4 　誤り。選挙は，単記，無記名の投票により比較多数を得た者を当選者とすることが原則である（法118条1項で準用する公職選挙法46条1項，4項，47条，48条，68条1項，95条）。例外として，議員中に異議がないときは，**指名推選**の方法を用いることができる（法118条2項）。

5 　誤り。議員の被選挙権の有無の決定については2種類ある（法127条1項）。
　　⑴　公職選挙法11条，11条の2（被選挙権を有しない者），252条（選挙犯罪による処刑者に対する被選挙権の停止），政治資金規正法28条の規定に該当する場合は，被選挙権を有しない。
　　⑵　⑴以外の場合（例えば，議員が住所を移したため被選挙権を失った場合）は，議会が出席議員の3分の2以上の多数により決定する。
　　なお，兼業（法92条の2）に該当する場合の失職事由についても議会が⑵と同様に決定権を有する（法127条1項）。

正解　2

Q. 25 議長・副議長の地位

★★

地方自治法に規定する普通地方公共団体の議会の議長又は副議長に関する記述として，妥当なのはどれか。

1　議会は，議員の中から議長及び当該議会の会議規則で定める定数の副議長を選挙しなければならない。

2　議長の任期は当該普通地方公共団体の条例で定めるところにより，副議長の任期は当該議会の会議規則で定めるところによる。

3　議長が病気のため，その職務を遂行できないときは，仮議長を選挙し，議長の職務を行わせなければならない。

4　議長及び副議長がともに欠けたときは，当該議会は出席議員中の年長の者を仮議長とし，議長の職務を行わせる。

5　議長及び副議長がともに事故があるときは，当該議会は仮議長を選挙し，議長の職務を行わせる。

正解チェック欄	1回目	2回目	3回目	**A**

1 誤り。議会は，議員の中から議長及び副議長１人を選挙しなければならない（法103条１項）。副議長の定数を当該議会の会議規則で定めることはできない。

2 誤り。議長及び副議長の任期は，議員の任期によるので（法103条２項），４年である（法93条１項）。議長及び副議長の任期を当該地方公共団体の条例又は当該議会の会議規則で定めることはできない。しかし，現実には，議会の内部で１年とか２年の持ち回りを決めていることが多い。

3 誤り。議長が病気のため，その職務を遂行できないときは，「事故があるとき」に当たり，副議長が議長の職務を代行することになる（法106条１項）。

4 誤り。「欠けたとき」とは，死亡，辞職，失職などにより欠員になったときである。議長及び副議長が共に欠けたときは，すみやかに後任者を選挙すべきであり，仮議長により議事を運営すべきでない（行実昭25.6.26）。この場合には出席議員中の年長議員が臨時議長となり議長を選挙し，その後，副議長を選挙することになる（行実昭28.11.9）。

5 正しい。法106条２項。なお，「事故があるとき」とは，在職はしているが，海外旅行で長期間不在のとき，長期間病気のため入院したときのように職務ができない場合など（行実昭39.9.18）をいう。

議長，副議長に事故があるとき又は欠けたときを表にする。

議長	副議長	措　　　置
事故	事故	→年長議員が臨時議長→仮議長を選挙，代行させる
欠	欠	→同上　　　　　　　　　→共に選挙する
事故	——	→副議長が代行する
欠	——	→同上
——	事故	→そのまま
——	欠	→副議長を選挙する

正解 5

Q 26 議長の権限

★★

地方自治法に規定する普通地方公共団体の議会の議長に関する記述として，妥当なのはどれか。

1　議長は，必要に応じて委員会に出席し，自由に発言でき，議決権も有する。

2　議長は，会議の傍聴に関し，必要な規則を定めなければならない。

3　議長は，裁決権のみを有し，表決権を有しないので，出席議員数の計算に議長は入れない。

4　議長が議会から不信任議決を受けたときは，当然にその職務を辞めなければならない。

5　議長は，議会の許可を得て辞職することができるが，議会の閉会中においては，副議長の許可を得る必要がある。

| 正解チェック欄 | 1回目 | | 2回目 | | 3回目 | | **A** |

1　誤り。議長は，必要に応じて委員会に出席し，発言することができる（法105条）。しかし，議決権があるのは，他の議員と同様，自己が所属する委員会のみであり，他の委員会の議決に加わることはできない。

2　正しい。議長の職務権限に「議場の秩序を保持」すること（法104条）がある。その具体的方法の1つとして，議長は会議の傍聴に関し必要な規則を設けることがある（法130条3項）。

3　誤り。議会の議事は，原則として，出席議員の過半数で決するが可否同数のときは，議長が決する（法116条1項）。この議長の権限を**裁決権**という。この場合，議長は**表決権**を有しないので（法116条2項），出席議員数に議長は含めない。

　　しかし，特別多数を要する事項については，可否同数ということはありえないので，議長も当然に表決権を行使することができ，出席議員数に議長を含めることになる（行実昭26.5.2）。この場合には，議長の裁決という事態は起こらない。

4　誤り。長の不信任議決（法178条）の場合と違い，議長が議会から不信任議決を受けたときの規定がないので，議長は失職するわけではない。

5　誤り。議長は，議会の許可を得て辞職することができる（法108条）。しかし，議会の閉会中は辞職することはできない（行実昭22.10.6）。

正解　2

Q | 27 議員の兼職兼業の禁止

★★★

地方自治法に規定する普通地方公共団体の議会の議員の兼職又は兼業に関する記述として，妥当なのはどれか。

1 普通地方公共団体の議会の議員は，一定の期間を限り臨時的に雇用され，その期間中常時勤務している当該普通地方公共団体の職員と兼ねることができる。

2 普通地方公共団体の議会の議員は，公正な職務の執行を確保する趣旨から，すべての法人の取締役又は監査役と兼ねることができない。

3 普通地方公共団体の事務の客観的な公平さを担保し，不祥事を未然に防止するため，個人による請負は金額の多寡にかかわらず禁止されている。

4 普通地方公共団体の議会の議員は，当該普通地方公共団体の選挙管理委員と兼ねることができる。

5 普通地方公共団体の議会の議員は，当該普通地方公共団体に対し請負をする者たることはできないが，これに該当するかどうかは議会が決定する。

| 正解チェック欄 | 1回目 | | 2回目 | | 3回目 | | Ⓐ |

　地方公共団体の議員は，住民の直接選挙によって選ばれる非常勤の特別職公務員である（地方公務員法3条3項1号）。議員は，常勤ではなく，他の職業に就いている者も多いが，議員としての職務の性質に基づいて次のことが制限されている。

① **兼職禁止**……一定の公職と兼ねることの禁止

② **兼業禁止**（請負禁止ともいう）……一定の営利企業の経営又は従事の制限

1　誤り。「常勤の職員」に該当するので（行実昭26.8.15），兼職できない（法92条2項）。①の兼職禁止の理由は，議員としての職務を十分に果たさせるためと，議決機関と執行機関を分離させるためである。

2　誤り。上記②の兼業禁止であるが，すべての法人の役員となることを禁止しているわけではなく，主として当該地方公共団体と請負をする法人の役員となることを禁止している（法92条の2）。このような場合は，議員の個人的活動と地方公共団体の運営との間の利害が相反する。そこで兼業を禁止することにより，不祥事件を未然に防止し，地方公共団体の事務の客観的な公平さを担保したのである。

3　誤り。議会の適正な運営を確保する観点から，政令で定める額（年間300万円）の範囲内で個人による普通地方公共団体に対する請負が可能となった（法92条の2，令5.3.1施行）。

4　誤り。兼職することはできない（法182条7項）。

5　正しい（法92条の2，127条1項）。なお，この場合には，出席議員の3分の2以上の多数により決定しなければならない。

正解　5

Q 28 議決権①

★★

　地方自治法に規定する普通地方公共団体の議会の議決事件
に関する記述として，妥当なのはどれか。

1　議会に対する議案提出権は，議会の議決すべき事件ご
　とに議員又は長のいずれかに専属し，両者に属すること
　はない。

2　議会の議決を受けなければならないとされているにも
　かかわらず議決を経ていない長の行為については，議会
　はこの行為を取り消すことができる。

3　議会の議決を経た事項を変更する場合は，すべて議会
　による変更の議決を経なければならず，いかなる場合に
　も長が専決処分をすることは許されない。

4　議会の議決すべき事項は，地方自治法上制限列挙され
　ているが，法定受託事務に係る事件についても，一部を
　除き，条例で議決事項を追加することができる。

5　議会の議決は，普通地方公共団体が民事上，行政上の
　訴訟を提起する場合に限らず，被告となって応訴する場
　合にも必要である。

| 正解チェック欄 | 1回目 | 2回目 | 3回目 | **A** |

1 誤り。議会の議決すべき事項は，①団体意思の決定，②議会としての機関意思の決定，③長の事務執行の前提要件の３つに分けられる。議案の発案権は，②については議員に，③については長に専属するが，①については原則として議員及び長の双方に属する。

2 誤り。議決を要する事項について議会の議決を経ずに長が事務執行をした場合，その行為は無効である。すなわち，取り消すまでもなく効力を生じない。例えば，村長が議会の議決を経ないでした手形振出行為は無効である（最判昭35.7.1）。

3 誤り。議会の議決を経た事項を変更する場合は，議会による変更の議決を得ることが原則である。しかし，軽易な事項については，法180条１項により，長は専決処分をすることができる。

4 正しい。議会の議決すべき事項については，**制限列挙主義**がとられている（法96条１項）。しかし，議決事項を条例により追加することを原則として認めており，例外は，法定受託事務に係る事件の中で，国の安全に関することその他の事由により議会の議決すべきものとすることが適当でないものとして政令で定めるものだけである（法96条２項）。

5 誤り。議会の議決を要するのは「訴えの提起」（法96条１項12号）の場合であり，被告となって応訴する場合は議会の議決を要しない。

正解　4

制限列挙主義

　概括例示主義に対し，制限列挙主義とは，議会の権限が条文に列挙された事項に限ることをいう。列挙された事項以外の事項，例えば財産の取得については長の権限である（法149条６号）。長の権限と重複競合しないように議会の権限を明確にしたのである。

Q 29 議決権②

★★

　地方自治法に規定する普通地方公共団体の議会の議決事件に関する記述として，妥当なのはどれか。

1　議会の議決を経た契約の事項の変更については，すべて議会の議決を経なければならず，議決を経た請負金額の減額変更の結果，条例に規定する金額に達しなくなったときでも，さらに議会の議決が必要である。

2　普通地方公共団体が設置するすべての公の施設について，長期かつ独占的な利用をさせる場合には，必ず議会の議決が必要である。

3　普通地方公共団体の区域内の公共的団体等の活動の総合調整に関することは，当該普通地方公共団体の長の権限に属する事項であるので，議会の議決事件ではない。

4　普通地方公共団体の財産を適正な対価なくして譲渡する場合は，当該普通地方公共団体の議会の議決を得る必要があるが，適正な対価なくして貸し付ける場合は，議会の議決を得る必要はない。

5　法律上，普通地方公共団体の義務に属する損害賠償の額を定めることは，当該普通地方公共団体の議会の議決事件であるが，判決により確定した損害賠償の額については，更に議会の議決を得る必要はない。

| 正解チェック欄 | 1回目 | 2回目 | 3回目 | | **A** |

1　誤り。議会の議決を経た契約の事項の変更については，すべて議会の議決を経なければならない。ただし，軽易な事項の変更については，法180条（議会の委任による専決処分）により措置しておくことが適当である（行実昭26.11.15）。議決を経た請負金額の減額変更の結果，条例に規定する金額に達しなくなったときは，議決を要しない（行実昭37.9.10）。

2　誤り。公の施設について，長期かつ独占的な利用をさせる場合に議会の議決が必要なものは，すべての公の施設ではなく，条例で定める重要な公の施設である（法96条1項11号）。

3　誤り。長は，当該普通地方公共団体の区域内の公共的団体等の活動の総合調整を図るため，これを指揮監督することができる（法157条1項）。しかし，普通地方公共団体の区域内の公共的団体等の活動の総合調整に関することは，議会の議決事件である（法96条1項14号）。

4　誤り。財産を適正な対価なくして譲渡し，又は貸し付ける場合は，条例で定める場合を除き，議会の議決を得る必要がある（法96条1項6号）。

5　正しい。法律上その義務に属する損害賠償の額を定めることは，議会の議決事件である（法96条1項13号）。しかし，判決により確定した損害賠償の額については，更に議会の議決を得る必要はない（行実昭36.11.27）。

正解　5

Q 30 意見表明権

★

　地方自治法に規定する普通地方公共団体の議会の意見書の提出に関する記述として，妥当なのはどれか。

1　意見書の提出先は，関係国家機関に限られているため，他の普通地方公共団体の機関に提出することはできない。

2　意見書の提出先は，地方自治関係の行政庁に限られているため，総務大臣以外の国務大臣に提出することができない。

3　意見書の提出先は，国会又は関係行政庁に限られているため，裁判所に提出することができない。

4　意見書は，当該地方公共団体の意見を表明するものであるため，原案の発案権は議員及び長の双方にある。

5　意見書を提出された機関は，これを受理する義務はないが，受理した場合には意見書に対して回答しなければならない。

| 正解チェック欄 | 1回目 | | 2回目 | | 3回目 | | Ⓐ |

1及び2　誤り。普通地方公共団体の議会は，当該団体の事務について議決権を有するが，それ以外の事務については本来関与できない。しかし，当該普通地方公共団体の事務に属さない事務であっても，それが当該普通地方公共団体の公益に関する事件については，住民の代表者たる議会に意見を表明する権限が与えられている。

　意見書は，当該地方公共団体の公益に関する事件であれば，国会又は関係行政庁に提出できる（法99条）。関係行政庁であれば，他の普通地方公共団体の機関でも，国の行政機関でもよい。また，総務大臣に限らない。

3　正しい。意見書は，関係行政庁のほか，国会に対しても提出できる（法99条）。しかし，裁判所は，**行政庁ではないので**，意見書を提出することはできない。

4　誤り。意見書については，地方公共団体の意思ではなく，**機関たる議会の意思**である。したがって，議員のみが発案権を有する。

5　誤り。意見書が提出された場合，関係行政庁はこれを受理する義務があり，誠実に処理しなければならない。しかし，これによって法的な効果が生じるわけではない。

正解　3

Q 31 検査権

★

　地方自治法に規定する普通地方公共団体の議会による検査に関する記述として，妥当なのはどれか。

1　検査権は，当該普通地方公共団体及びその機関の事務の管理，議決の執行，出納を検査する権限であり，その権限は監査委員に議会代表を送ることによって行使される。

2　議会の検査の対象となる当該普通地方公共団体の事務には，労働委員会及び収用委員会の権限に属する事務で政令に定めるものを除くすべての事務が含まれる。

3　議会は，常任委員会又は特別委員会に事務の対象を特定して検査を付議することができるが，当該委員会は，議会の閉会中はその検査を一切実施できない。

4　議会は，長その他の執行機関の報告を請求して議決の執行を検査することができるが，実地に検査を行うことはできない。

5　議会は，関係人の出頭を求めて出納を検査することができる。

正解チェック欄	1回目	2回目	3回目	**A**

1 誤り。議会の検査権は，当該普通地方公共団体の事務の管理，議決の執行，出納を検査する権限である（法98条1項）。議会の執行機関に対する牽制（けんせい）の一手段であり，執行機関の事務処理の適正を期するためのものである。前段は正しい。

  検査の方法には，次の2つがあり，議会が自ら行使する。

  ① 事務に関する書類及び計算書の検閲

  ② 長その他の執行機関の報告の請求

  なお，議会は，監査委員に対し，監査を求め，監査の結果の報告を請求することができる（監査請求権，法98条2項）。

2 誤り。検査権の対象は，原則として当該普通地方公共団体の事務のすべてに及ぶが，下の枠内の事務については，権限が及ばない。すなわち，法定受託事務の一部にも権限が及ばない。

3 誤り。検査権は，議員個人に認められたものではなく，議会の権限であるから，議会の議決を経て行使することになる。議員全員による場合もあるが，議決により常任委員会又は特別委員会に委任して行わせることができる（行実昭24.4.11）。しかし，議会の議決があれば，閉会中も検査できる（法109条8項）。

4 正しい。検査権は，書面審査を限度とし，議会による実地検査はできない。実地に検査をする必要がある場合は，法98条2項により，監査委員に行わせることになる。

5 誤り。法100条の調査権の場合とは異なり，関係人の出頭を求めることはできない。

正解 4

議会の権限（検査権，監査請求権，調査権）が及ばない範囲

① 自治事務については，労働委員会及び収用委員会の権限に属する事務で政令で定めるもの

② 法定受託事務については，国の安全を害するおそれがあることその他の事由により適当でないものとして政令で定めるもの

（①②共に法98条1項カッコ書）

Q 32 調査権①

★★★

　地方自治法第100条に規定する普通地方公共団体の議会の調査権に関する記述として，妥当なのはどれか。

1　普通地方公共団体の議会は，当該普通地方公共団体の事務に関する調査を行うため，特に必要があると認めるときは，選挙人その他の関係人の出頭，証言又は記録の提出を請求することができる。

2　普通地方公共団体は，条例の定めるところにより，その議会の議員の調査研究に資するため必要な経費の一部として，政務活動費を交付することができるが，調査研究以外の活動に資するために必要な経費に充てることはできない。

3　普通地方公共団体の議会は，調査権の行使に当たり，実地調査の必要があるときは，監査委員に行わせなければならない。

4　調査権の行使に当たり，記録の提出の請求を受けた選挙人その他の関係人が，正当な理由がないのに議会に記録を提出しない場合であっても，当該選挙人その他の関係人は刑罰を科せられることはない。

5　普通地方公共団体の議会は，選挙人その他の関係人が公務員たる地位において知り得た事実について，その者から職務上の秘密に属するものである旨の申立てを受けた場合，当該事実に関する証言を請求することが一切できない。

| 正解チェック欄 | 1回目 | 2回目 | 3回目 | **A** |

議会が議決権その他の権限を有効適切に行使するため，国会の国政調査権と同様に（憲法62条），地方公共団体の議会にも調査権が認められている。法100条に規定されているところから，100条調査権と呼ばれる。

1　正しい。平成24年の法改正により，選挙人その他の関係人の出頭及び証言並びに記録の提出を請求できる場合を「特に必要な場合」に限ることとした（法100条1項）。

2　誤り。平成24年の法改正により，政務調査費の名称を「政務活動費」に，交付の目的を「議員の調査研究その他の活動に資するため」に改めた（法100条14項）。それまでは禁止していた酒食を伴う会合の経費にも支出できるとした自治体もある。

3　誤り。調査の方法は，議会自らが行うものに限る。一般的な事務調査のほか，選挙人その他の関係人に出頭及び証言並びに記録の提出を請求できる。実地調査が必要な場合，監査委員に行わせるものがあるが（法98条2項），これは100条の調査権ではない。

4　誤り。国会の国政調査権と同様，罰則規定がある。すなわち，議会の請求を受けた選挙人その他の関係人が正当な理由なく出頭，記録の提出，証言を拒んだときは，6カ月以下の禁錮（令7.6.1より「拘禁刑」）又は10万円以下の罰金に処せられる（法100条3項）。また，同条7項にも罰則規定がある。この罰則により調査権の実行性が担保される。こうした強制調査が100条調査権の特徴である。

5　誤り。当該官公署の承認を受ければ，当該事実に関する証言を請求することができる（法100条4項）。

正解　1

Q 33 調査権②

★★★

地方自治法第100条に規定する普通地方公共団体の議会の調査権に関する記述として，妥当なのはどれか。

1 普通地方公共団体の議会は，当該普通地方公共団体の法定受託事務について，国の安全を害するおそれがあることその他の事由により議会の調査の対象とすることが適当でないものとして政令で定めるものを除き，調査を行うことができる。

2 普通地方公共団体の議会の調査権の行使により，出頭の請求を受けた選挙人その他の関係人は，議会に出頭する義務を負うが，当該選挙人その他の関係人が正当の理由がないのに，議会に出頭せず又は証言を拒んだとしても罰則の適用はない。

3 普通地方公共団体の議会が，当該普通地方公共団体の事務に関する調査を行うため，当該普通地方公共団体の区域内の団体等に対し照会をし又は記録の送付を求めたときは，当該団体等は，その求めに応じなければならないが，この団体等には国の行政機関が含まれる。

4 政務活動費の交付を受けた会派又は議員は，条例の定めるところにより，当該政務活動費に係る収入及び支出の報告書を普通地方公共団体の長に提出しなければならず，当該普通地方公共団体の長は，政務活動費について，その使途の透明性を確保する義務を負う。

5 普通地方公共団体の議会は，議員の調査研究に資するため，図書室を付置し，政府から送付を受けた官報及び政府が市町村に特に関係があると認める政府の刊行物を保管して置かなければならないが，当該図書室は，一般にこれを利用させることができない。

| 正解チェック欄 | 1回目 | 2回目 | 3回目 | Ⓐ |

1　正しい(法100条1項)。調査権の内容と対象は次表のとおり。

調査の内容	調査の対象
一般的な事務調査	当該団体の**事務全般**（例外は，［Q31検査権］の解説下部の表を参照）
出頭，証言，**記録の提出の請求**	**選挙人**その他の関係人に対して，**特に必要と認める場合**に限る

2　誤り。選挙人その他の関係人が正当の理由がないのに，議会に出頭せず又は証言を拒んだときは，6箇月以下の禁錮（令7.6.1より「拘禁刑」）又は10万円以下の罰金に処する（法100条3項）。

3　誤り。団体等は，その求めに応じなければならない（法100条10項)。しかし，この団体等には，国の行政機関は含まない（行実昭23.3.23）。

4　誤り。報告書を議長に提出するものとする（法100条15項)。議長は，政務活動費について，その使途の透明性の確保に努めるものとする（同条16項)。

5　誤り。議会は，設問のとおり図書室を付置しなければならない（法100条19項)。しかし，図書室は，一般にこれを利用させることができる（同条20項)。

正解　1

Q 34 請 願

★★

　地方自治法に規定する普通地方公共団体の議会に対する請願に関する記述として，妥当なのはどれか。

　1　請願することができる者は，自然人でも法人でもよいが，当該普通地方公共団体の区域内に住所を有している者に限る。

　2　請願は，所定の様式が整っている場合，当該普通地方公共団体において措置できない事項を内容とするものであっても，議長は受理を拒むことができない。

　3　請願は，議会の開会中に請願書を提出するものであり，議会の閉会中は許されない。

　4　議会に請願しようとする者は，2名以上の議員の紹介により，請願書を提出しなければならない。

　5　議会の採択した請願の送付を受けた相手方は，請願書の内容がすなわち議会の意思であるので，必ずこれを実行しなければならない。

| 正解チェック欄 | 1回目 | | 2回目 | | 3回目 | | **A** |

1　誤り。請願は，国又は地方公共団体の機関に対して希望を述べることである。憲法16条は「何人も，……平穏に請願する権利を有」すると規定し，この権利を保障している。請願一般に関する手続きは**請願法**に，国会に対する請願は**国会法**に，地方議会に対する請願は**地方自治法**に規定されている。

　　請願は，「何人も」することができる。自然人でも法人でもよい。当該地方公共団体の区域内に住所を有している者に限らない。国籍も問わない。選挙権の有無も問わない。

2　正しい。請願事項は，憲法上特に制限はない。当該地方公共団体において措置できない事項を内容とするものでもよい。また，当該地方公共団体の事務とまったく関係ない事項，例えば国政に関するものでもよい。

3　誤り。請願は，議会の開会中だけでなく閉会中でもよい。その請願書を議長が受理する。

4　誤り。議会に請願しようとする者は，議員の紹介によることが必要であるが（法124条），議員は１名でもよい。

　　なお，**陳情**とは，請願と同じ内容があるもので，請願の要件である議員の紹介がないものをいう。地方公共団体の議会においては，陳情も，請願の例により処理することとしているのが通例であるので，実質的には請願と同じ扱いがなされている。

5　誤り。請願の相手方である執行機関は，これを受理し誠実に処理しなければならないが（請願法５条），法的に拘束されるわけではなく，請願事項を実施しなければならないわけではない。ただ，こうした請願が議会により採択され執行機関が解決に乗り出すことが少なくない。

正解　2

Q 35 定例会と臨時会

★★

　地方自治法に規定する普通地方公共団体の議会の招集及び会期に関する記述として，妥当なのはどれか。

　1　普通地方公共団体の議会は，普通地方公共団体の長がこれを招集するが，当該普通地方公共団体の議会の議員定数の4分の1以上の者は，当該普通地方公共団体の長に対し，会議に付議すべき事件を示して臨時会の招集を請求することができる。

　2　普通地方公共団体の議会の議長は，議会運営委員会の議決を経ることなく，議長の意思で，当該普通地方公共団体の長に対し，会議に付議すべき事件を示して臨時会の招集の請求ができ，当該請求があったときは，長は請求のあった日から20日以内に臨時会を招集しなければならない。

　3　普通地方公共団体の議会の招集は，開会の日前，都道府県及び市にあっては7日，町村にあっては3日までにこれを告示しなければならず，告示後災害等が生じても開会の日を変更することはできない。

　4　普通地方公共団体の議会の会期及び延長に関する事項は議会が定めるが，議会の会議規則をもって，議会の会期及びその延長は議長が議会運営委員会の意見を聴き，これを定め，議会の議決を要しない旨を規定することができる。

　5　臨時会に付議すべき事件は，普通地方公共団体の長があらかじめ告示しなければならないため，臨時会の開会中に緊急を要する事件がある場合であっても，直ちにこれを付議することはできない。

| 正解チェック欄 | 1回目 | | 2回目 | | 3回目 | | Ⓐ |

　議会（定例会及び臨時会）の招集は，原則として，長の権限に属している（法101条1項）。しかし，臨時会の招集の請求については，次のAとBの2つの方法がある。

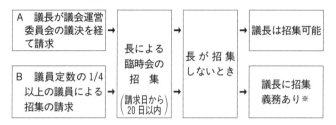

　※　議長は，Bの議員の申出に基づき申出日から10日以内（都道府県・市）又は，6日以内（町村）に招集する必要がある（法101条6項）。

1　正しい（法101条1項，3項）。

2　誤り。議長が，長に対し，臨時会の招集を請求するためには，議会運営委員会の議決を経ることが必要である（法101条2項）。

3　誤り。前段の告示日に関する記述は正しい（法101条7項）。しかし，告示後に当該招集に係る開会の日に会議を開くことが災害等の事由により困難であると認めるときは，当該告示をした者はその開会の日を変更することができる（同条8項，令4.12.16施行）。

4　誤り。普通地方公共団体の議会の会期及びその延長に関する事項は，議会が定める（法102条7項）。しかし，議会の会議規則をもって，議会の会期及びその延長は議長が議会運営委員会の意見を聴き，これを定め，議会の議決を要しない旨を規定することは違法である（行実昭26.4.14）。

5　誤り。臨時会に付議すべき事件は，普通地方公共団体の長があらかじめ告示しなければならない（法102条4項）。しかし，臨時会の開会中に緊急を要する事件がある場合は，直ちにこれを議することができる（同条6項）。

| 正解 | 1 |

Q 36 通年議会

★

　毎年，条例で定める日から翌年の当該日の前日までを会期とする，いわゆる通年議会に関する記述として，妥当なのはどれか。

1　通年議会において，長は，条例に定める日に議会を招集する。

2　通年議会の会期中に議員の任期が満了し，会期が終了した場合には，議長は，一般選挙により選出された議員の任期が始まる30日以内に議会を招集しなければならない。

3　通年議会における議長は，当該普通地方公共団体の長等に議場への出席を求めるに当たっては，当該普通地方公共団体の執行機関の事務に支障を及ぼすことのないように配慮しなければならない。

4　議会は，議会規則により，定期的に会議を開く日を定めなければならない。

5　普通地方公共団体の長は，通年議会の議長に対し，会議に付議すべき事件を示すことなく，定期的に会議を開く日以外の日において会議を開くことを請求することができる。

| 正解チェック欄 | 1回目 | | 2回目 | | 3回目 | | **A** |

　平成24年の法改正により，いわゆる通年議会の規定が新設された。普通地方公共団体の議会は，条例で定めるところにより，定例会及び臨時会とせず，毎年，条例で定める日から翌年の当該日の前日までを会期とすることができることとなった（法102条の2）。

1及び2　誤り。通年議会においては，条例で定める日の到来をもって，普通地方公共団体の長が当該日に招集したものとみなしている（法102条の2・2項）。また，議員の任期が満了したときなど会期が終了した場合には，普通地方公共団体の長が，一般選挙により選出された議員の任期が始まる日から30日以内に議会を招集しなければならない（同条4項）。

3　正しい（法121条2項）。

4　誤り。定例日は，条例で定めなければならない（法102条の2・6項）。

5　誤り。長は議長に対し，定例日以外の日において，会議を開くことを請求できるが，この場合には，会議に付議すべき事件を示さなければならない（法102条の2・7項）。

正解　3

通年議会（通年の会期）

　いわゆる「通年議会」には，①条例により1年間に長が招集する定例会の回数を1回とする運用による方式（法102条）と②平成24年改正で創設された自治法上「通年の会期」と称する，定例会，臨時会の区分を設けず，条例で定める日から翌年の当該日の前日までの1年を会期とする方式がある（法102条の2）。
　設問は，②の方式に関する問題である。

Q. 37 議会の委員会制度①

★★

　地方自治法に規定する普通地方公共団体の議会の委員会に
関する記述として，妥当なのはどれか。

1　普通地方公共団体の議会は，会議規則で，常任委員会，
　議会運営委員会及び特別委員会を置くことができる。

2　普通地方公共団体の議会の議長は，委員会に出席する
　ことができるが，議事の内容に立ち入って質疑し，意見
　を陳述することはできない。

3　普通地方公共団体の議会の特別委員会は，議会の議決
　により付議された特定の事件について，閉会中はこれを
　審査することができない。

4　普通地方公共団体の議会の特別委員会は，当該普通地
　方公共団体の事務に関する調査又は審査のため必要があ
　ると認めるときは，参考人の出頭を求め，その意見を聴
　くことができる。

5　普通地方公共団体の議会の委員会は，議会の議決すべ
　き事件のうちその部門に属する当該普通地方公共団体の
　事務に関するものにつき，議会に予算その他重要な議案
　を提出することができる。

正解チェック欄　1回目　2回目　3回目　

　かつては，委員会の数や議員の常任委員会への所属など制限があったが，平成24年の法改正で，必要な事項は条例で定めることになった（法109条 9 項）。

　議会は，全員で構成する本会議で決定するのが本来のあり方である。しかし，議員が多数いる場合には，審査するのが大変になるので，少人数の委員会で詳しく審査し，その結論を受けて本会議で議決する委員会制度を採用している自治体がほとんどである。

1　誤り。議会は，会議規則ではなく，条例で，常任委員会，議会運営委員会及び特別委員会を置くことができる（法109条 1 項）。

2　誤り。議長は，委員会に出席し，発言することができる（法105条）。議長の発言事項については何ら制限がないので，議事の内容に立ち入って質疑し，意見を陳述することもさしつかえない（行実昭27.6.21）。

3　誤り。委員会（特別委員会を含む）は，議会の議決により付議された特定の事件については，閉会中も，なお，審査することができる（法109条 8 項）。

4　正しい（法109条 5 項，115条の 2 ）。

5　誤り。委員会は，予算の議案を提出することはできない（法109条 6 項但書）。

正解　4

Q 38 議会の委員会制度②

★★

地方自治法に規定する普通地方公共団体の議会の委員会に関する記述として，妥当なのはどれか。

1 普通地方公共団体の議会は，条例で，常任委員会，議会運営委員会及び特別委員会を置くことができるが，議会の委員会制度は普通地方公共団体の組織に関する事項であるため，委員会に関する条例の提案権は長に専属する。

2 普通地方公共団体の議会の常任委員会は，議会の議決すべき事件のうちその部門に属する当該普通地方公共団体の事務に関するものにつき，議会に議案を提出することができるが，特別委員会には議会に議案を提出することが認められていない。

3 普通地方公共団体の議会の常任委員会は，公聴会を開き，学識経験を有する者から意見を聴くことができるが，重要な議案については非公開とすることができる。

4 普通地方公共団体の議会の議員は，少なくとも一の常任委員会の委員になるものとし，当該委員は会期の初めに議会において選任し，条例で定める必要はない。

5 普通地方公共団体の議会の議会運営委員会は，議会の運営に関する事項，議会の会議規則，委員会に関する条例等に関する事項及び議長の諮問に関する事項の調査を行い，議案，請願等を審査する。

| 正解チェック欄 | 1回目 | | 2回目 | | 3回目 | | Ⓐ |

　常任委員会は，各部門に属する普通地方公共団体の事務に関する調査，議案・請願等の審査を行う（法109条2項）。

　議会運営委員会は，肢**5**のとおり（法109条3項）。

　特別委員会は，議会の議決で付議された個別の事件があった場合に審査する委員会で（法109条4項），文字どおり「特別な場合」に設置される委員会である。その任務の終了時まで設置される。

常任委員会	当該普通地方公共団体の事務（全般）に関する調査，議案・請願等の審査
議会運営委員会	次の事項の調査及び議案・請願等の審査 ア　議会の運営事項 イ　議会の会議規則，委員会に関する条例等の事項 ウ　議長の諮問事項
特別委員会	議会の議決により付議された事件の審査

1　誤り。常任委員会に関する条例の提案権は議員に専属する（行実昭22.8.8）。

2　誤り。すべての委員会は，議案を提出することができる（法109条6項）。

3　誤り。常任委員会は，公聴会を開き，学識経験を有する者等から意見を聴くことができる（法109条5項，115条の2）。しかし，公聴会を非公開とすることはできない（行実昭22.8.8）

　なお，従来，委員会に限られていた公聴会，参考人制度は，平成24年の法改正で本会議においても可能となった（法115条の2）。

4　誤り。委員の選任その他委員会に必要な事項は，条例で定める（法109条9項）。

5　正しい（法109条3項）。

正解　**5**

Q 39 議案提出権

★★

地方自治法に規定する普通地方公共団体の議会の会議に関する記述として，妥当なのはどれか。

1　普通地方公共団体の議員は，議会の議決事件のすべてについて，提出権を有する。

2　議案の提出権は，その性質上，必ず長又は議員のいずれかに属する。

3　議員が，議会の議決事件について行う議案の提出は，文書によることが原則だが，緊急の場合には，口頭ですることができる。

4　議会の各委員会のうち，常任委員会は，その部門に属する当該普通地方公共団体の事務に関するものについて，議案を提出することができる。

5　議会が議案に対する修正の動議を議題とするに当たっては，議員定数の12分の1以上の者の発議によらなければならない。

| 正解チェック欄 | 1回目 | | 2回目 | | 3回目 | | **A** |

1 誤り。法の明文で長に専属する予算のほか，その性質上，長に提出権が属するものがあり，すべての議案を議員が提出できるわけではない（法112条1項但書）。

　　なお，議員が議案を提出するには，議員定数の12分の1以上の者の賛成が必要である（法112条2項）。「12分の1以上」には提出者を含み，計算上端数が生じた場合は切り上げる。

2 誤り。団体意思の決定については原則的に双方に提出権がある。

議決事件の種類と議案提出権（法112条，149条，96条等）

	提案権者	議決事件の種類・内容・例
1 団体意思の決定 （議決をもって，当該地方公共団体の意思が決定されるもの）	議員及び長（原則）	地方公共団体の事務所の位置条例，議員定数条例，公の施設設置条例，その他条例
	長のみ	予算，局部・部課・支庁・地方事務所等設置条例，行政機関設置条例（執行機関の自己組織権）
	議員のみ	委員会設置条例，委員会条例，議会事務局設置条例（議決機関の自己組織権）
2 機関意思の決定 （議会として意思が決定されるもの）	議員のみ	関係行政庁への意見書提出，議員の資格決定，議員の懲罰，常任委員・特別委員の選任等
3 長の事務執行の前提要件 （長の権限の行使に関し一定の理由で議会の関与を認めるもの）	長のみ	副知事・副市町村長の選任，監査委員の選任，市町村の廃置分合・境界変更の知事決定，条例で定める契約の締結・財産の取得処分等

3 誤り。議案の提出は，議長に対し，文書でする（法112条3項）。

4 誤り。常任委員会のみならず，議会運営委員会，特別委員会も予算を除き議案の発案権を有する（法109条6項）。

5 正しい（法115条の3）。

正解 **5**

Q. 40 会議の運営①──定足数の原則

★★

　地方自治法に規定する普通地方公共団体の議会の会議に関する記述として，妥当なのはどれか。

1　普通地方公共団体の議会の議長は，議員の定数の12分の１以上の者から請求があるときは，その日の会議を開かなければならない。

2　普通地方公共団体の議会が，議案に対する修正の動議を議題とするに当たっては，議長又は議員３人以上の発議によらなければならない。

3　普通地方公共団体の議会の議事は，地方自治法に特別の定めがある場合を除くほか，出席議員の過半数でこれを決するが，この場合において，議長は，議員として議決に加わる権利を有する。

4　普通地方公共団体の議会は，議員の定数の半数以上の議員が出席したとき，又は同一の事件につき再度招集してもなお半数に達しないときに限り，会議を開くことができる。

5　普通地方公共団体の議会は，法律により当該議会において行う選挙について，指名推選の方法を用いる場合においては，被指名人をもって当選人と定めるべきかどうかを会議に諮り，議員の全員の同意があった者をもって当選人とする。

　会議を開くには，議員定数の半数以上の出席が必要である（法113条前段）。これを**定足数の原則**という。ただし，次の４つの例外がある（同条但書）。

①　議員の除斥のために半数に達しないとき

②　同一の事件につき再度招集してもなお半数に達しないとき

③　招集に応じても出席議員が定数を欠き，議長が出席を催告してもなお半数に達しないとき

④　議長の出席催告により半数に達し，開会後に再び半数に達しなくなったとき

1　誤り。議長は，議員の定数の半数以上の者から請求があるときは，その日の会議を開かなければならない（法114条１項）。

2　誤り。議案に対する修正の動議を議題とするに当たっては，議員の定数の12分の１以上の者の発議によらなければならない（法115条の３）。

3　誤り。前段は正しい（法116条１項）。しかし，この場合においては，議長は，議員として議決に加わる権利を有しない（同条２項）（［Q42会議の運営③——過半数議決の原則］の解説を参照）。

4　誤り。上記解説のとおり，定足数の原則と４つの例外がある（法113条）。

5　正しい（法118条３項）。

正解　5

Q. 41 会議の運営②——会議公開の原則

★★

地方自治法に規定する普通地方公共団体の議会の会議に関する記述として，妥当なのはどれか。

1 普通地方公共団体の議会の議員が，議会の議決すべき事件につき議会に議案を提出する場合において，その議案の提出は，文書をもってこれをしなければならない。

2 普通地方公共団体の議会の議長は，事務局長に書面又は電磁的記録により会議録を作成させなければならないが，出席議員の氏名を記載させ，又は記録させる必要はない。

3 普通地方公共団体の議会は，会議において，予算その他重要な議案，請願等について公聴会を開き，真に利害関係を有する者から意見を聴くことができるが，学識経験を有する者から意見を聴くことはできない。

4 普通地方公共団体の議会の会議は，議長又は議員3人以上の発議により，出席議員の3分の2以上の多数で議決したときは，秘密会を開くことができるが，その発議は，討論を行い可否を決しなければならない。

5 普通地方公共団体の議会は，議員の定数の半数以上の議員が出席しなければ会議を開くことができないが，議員の定数の半数以上の議員の中には，議長は含まれない。

正解チェック欄	1回目	2回目	3回目	Ⓐ

　会議は公開が原則である（法115条１項前段）。自治法上では，本条の会議は本会議を指し，委員会には公開の原則の適用はない。ただし，実務としては，会議規則で規定して公開している例が多い。

　会議公開の原則の例外として次の要件を満たすときは，秘密会を開くことができる（同項但書）。

①　議長又は議員３人以上の発議

②　出席議員の３分の２以上の多数議決

この発議は，討論を行わないで可否を決する（同条２項）。

1　正しい（法112条１項，３項）。

2　誤り。会議録には，出席議員の氏名を記載させ，又は記録させなければならない（法123条１項）。

3　誤り。学識経験を有する者からも意見を聴くことができる（法115条の２・１項）。

4　誤り。上記解説のとおり，この発議は，討論を行わないで可否を決する（法115条２項）。

5　誤り。法113条（定足数）の議員定数中には議員たる議長をも算入すべきものである（行実昭4.6.15）。

正解	1

Q 42　会議の運営③──過半数議決の原則

★★★

　地方自治法に規定する普通地方公共団体の議会の会議に関する記述として，妥当なのはどれか。

1　会議規則で定めた会議時間経過後においても，普通地方公共団体の議会の議員の定数の半数以上の者から請求があったときは，議長は，その日の会議を開かなければならない。

2　普通地方公共団体の議会の議事は，地方自治法に特別の定めがある場合を除くほか，議員の定数の過半数でこれを決し，可否同数のときは，議長の決するところによる。

3　普通地方公共団体の議会の議長及び議員は，自己の一身上に関する事件については，その議事に参与することができないが，正副議長の辞職許可に関する議事においては，辞表提出中の正副議長を除斥すべきでない。

4　普通地方公共団体の長，教育委員会の教育長，選挙管理委員会の委員長及び監査委員は，議会の審議に必要な説明のため議長から出席を求められたときは，必ず議場に出席しなければならない。

5　会議録が書面をもって作成されているときは，議長及び議会において定めた2人以上の議員がこれに署名しなければならないが，会議録が電磁的記録をもって作成されているときは，署名に代わる措置をとることを要しない。

| 正解チェック欄 | 1回目 | 2回目 | 3回目 | Ａ |

　議事は，**出席議員の過半数**でこれを決し，可否同数のときは，議長が決する（法116条1項）。この場合，議長は出席議員に含まれず，議決権はない（同条2項）。

　過半数議決の原則の例外として次表の**特別多数決**があり，この場合は議長も出席議員に含まれる。

議　事	出席議員数	議決数
事務所の位置条例の制定・改廃（法4③） 秘密会の開会（法115①） 議員の資格の決定（法127①） 一般的拒否権（条例，予算）の再議（法176③） 重要な公の施設の廃止等（法244の2②）	議員定数の半数以上	2／3以上
議会解散後，初議会での長の不信任議決（法178③）	在職議員の2／3以上※	過半数
解職請求に基づく主要公務員の失職（法87①） 議員の除名（法135③） 長の不信任議決（法178③）	在職議員の2／3以上※	3／4以上
指名推選による当選人の決定（法118③）	議員定数の半数以上	全員

※　定足数の例外

1　正しい。議員の定数の半数以上の者から請求があったときは，議長は，その日の会議を開かなければならない（法114条1項）。会議時間経過後においても，同じである（行実昭32.12.24）。
2　誤り。上記解説のとおり，議員の定数ではなく，出席議員の過半数で議決される（法116条1項）。
3　誤り。正副議長の辞職許可に関する議事において，辞表提出中の正副議長を除斥すべきである（法117条，行実昭23.6.24）。
4　誤り。出席しなければならないが，出席すべき日時に議場に出席できないことについて正当な理由がある場合において，その旨を議長に届け出たときは，この限りでない（法121条1項）。
5　誤り。電磁的記録に総務省令で定める署名に代わる措置をとらなければならない（法123条3項）。

| 正解　1 |

Q 43 会議の運営④──会期不継続の原則

★

　地方自治法に規定する普通地方公共団体の議会の会議に関する記述として，妥当なのはどれか。

1　普通地方公共団体の議会の議員は，予算について議会に議案を提出するに当たっては，議員の定数の12分の1以上の賛成がなければならないが，議員の定数の12分の1以上の者には，議案の提出者は含まない。

2　普通地方公共団体の議会は，議長又は議員3人以上の発議により，出席議員の3分の2以上の多数で議決したときは，秘密会を開くことができるが，当該議長又は議員の発議は，討論を行わないでその可否を決しなければならない。

3　普通地方公共団体の議会の議事は，地方自治法に特別の定めがある場合を除いて，出席議員の過半数でこれを決し，可否同数のときは，議員として議決に加わる権利を有する議長の決するところによる。

4　普通地方公共団体の議会において，会期中に議決に至らなかった事件は，当然に後会に継続し，議会の議決により閉会中の審査に付された議案は，次の会期に新たに提案することを要しない。

5　普通地方公共団体の議会は，会議において，当該普通地方公共団体の事務に関する調査又は審査のため必要があると認めるときは，参考人の出頭を求め，その意見を聴くことができるが，予算その他重要な議案，請願について公聴会を開き，学識経験を有する者から意見を聴くことはできない。

| 正解チェック欄 | 1回目 | 2回目 | 3回目 | Ⓐ |

会期中に議決に至らなかった事件は，後会（次の議会）に継続しない（法119条）。これを**会期不継続の原則**という。例外として，委員会（常任委員会，議会運営委員会，特別委員会）は，議決により付議された特定の事件については，閉会中も審査することができる（法109条8項）。

議会の会議の原則と例外は，次表のとおり。

原　則	例　外
① 定足数	議員の除斥のための半数に達しない場合など4つ
② 会議公開	秘密会［Q41参照］
③ 過半数議決	特別多数決［Q42参照］
④ 会期不継続	委員会の閉会中審査
⑤ 一事不再議	再議制度［Q44参照］

1　誤り。予算案の提出は，長の専属的権限であり，議員はできない（法112条1項但書，211条）。

2　正しい（法115条）。

3　誤り。議長は，議員として議決に加わる権利を有しない（法116条2項）。

4　誤り。会期中に議決に至らなかった事件は，後会に継続しない（法119条）。

5　誤り。予算その他重要な議案，請願について公聴会を開き，学識経験者から意見を聴くことができる（法115条の2・1項）。

正解　2

Q 44 会議の運営⑤——一事不再議の原則，除斥制度

★★

　地方自治法に規定する普通地方公共団体の議会の会議に関する記述として，妥当なのはどれか。

1　普通地方公共団体の長は，議会の審議に必要な説明のため議長から出席を求められた場合であっても，出席すべき日時に議場に出席できないことについて正当な理由があり，その旨を議長に届け出たときは，出席しないことができる。

2　普通地方公共団体の議会は，法律又はこれに基づく政令により普通地方公共団体の議会において行う選挙について，指名推選の方法を用いることができるが，指名推選の方法を用いる場合，被指名人を当選者と定めるべきかどうかを会議に諮り，出席議員の過半数の同意があった者をもって当選人とする。

3　普通地方公共団体の議会の議員は，自己又は父母若しくは兄弟姉妹の一身上に関する事件については，その議事に参与することができないが，当該普通地方公共団体の長の同意があったときは，会議に出席し，発言することができる。

4　普通地方公共団体の議会の会議規則中に一事不再議に関する規定の有無にかかわりなく，地方公共団体の議会については，一事不再議の原則の適用はない。

5　普通地方公共団体の議会の議長は，議会の事務局長に書面又は電磁的記録により会議録を作成させなければならないが，秘密会の議事は，秘密会の性質上，会議録の原本には記載させることはできない。

正解チェック欄	1回目	2回目	3回目	**A**

　一事不再議の原則とは，同一会期中に議決（可決・否決）された同一の事項については，再び付議しないことである。自治法の条文にはない慣習的なもので，会議規則に規定されることが多い。

　除斥制度は，議事の公正を確保するため，次の2つの事件の議事に当事者が参与することを禁ずるものである（法117条等）。

① 自己，配偶者，二親等以内の親族の**一身上に関する事件**

② ①に掲げる者の従事する業務に**直接利害関係のある事件**

当　事　者	除斥される事項	例　外
議会の議長・議員 （法117）	議会の議事への参与	議会の同意があれば，会議に出席・発言可能
選挙管理委員会の委員長・委員（法189②）	委員会の議事への参与	委員会の同意があれば，会議に出席・発言可能
監査委員（法199の2）	監査	なし

1　正しい（法121条1項）。

2　誤り。出席議員の全員の同意があった者をもって当選人とする（法118条3項）。

3　誤り。長ではなく，議会の同意があったときは，会議に出席し，発言することができる（法117条但書）。

4　誤り。議会の会議規則中に一事不再議に関する規定の有無にかかわりなく，地方公共団体の議会についても，一事不再議の原則の適用はある（行実昭33.3.26）。

5　誤り。秘密会の議事も，会議録の性質上，会議録の原本には記載しておくべきである（法123条，行実昭33.3.10）。

正解　1

Q 45 議会の紀律

★★★

　地方自治法に規定する普通地方公共団体の議会の紀律に関する記述として，妥当なのはどれか。

1　傍聴人が会議を妨害するとき，議長は，これを制止し，その命令に従わないときは，これを退場させることができ，必要がある場合においては，これを警察官に引き渡すことができるが，その際には当該普通地方公共団体の長と協議しなければならない。

2　傍聴人が会議を妨害するとき，議長は，これを制止し，その命令に従わないときは，これを退場させることができるが，傍聴人が騒がしいときでも，すべての傍聴人を退場させることはできない。

3　普通地方公共団体の議会の会議中，議場の秩序を乱す議員があるときは，議長は，これを制止し，又は発言を取り消させ，その命令に従わないときは，その日の会議が終わるまで発言を禁止し，又は議場の外に退去させることができる。

4　普通地方公共団体の議会の議員は，議場の秩序を乱し，又は会議を妨害するものがあるときは，議長の注意を喚起することができるが，注意喚起の対象は議員又は執行機関に限られ，傍聴人は含まない。

5　普通地方公共団体の議会の会議又は委員会において侮辱を受けた議員が，これを議会に訴えて処分を求めるためには，議員の定数の8分の1以上の者の発議によらなければならない。

正解チェック欄	1回目	2回目	3回目	Ⓐ

　議会は言論の府となるべく，議場の秩序や一定の品位が維持される必要がある。自治法は，議員をはじめ，傍聴人等を対象に紀律の維持に必要な規定を設けている。

① 　議長は，議会の秩序を保持する権限を有し（法104条），秩序を乱す議員の制止などの議場の秩序維持（法129条）や傍聴人の規制（法130条）をすることができる。

② 　議員の議長に対する注意の喚起（法131条）

③ 　議員自身の品位の保持（法132条）

④ 　議会における侮辱に対する処置（法133条）

1 　誤り。傍聴人が会議を妨害するとき，議長は，これを制止し，その命令に従わないときは，これを退場させ，必要がある場合においては，これを警察官に引き渡すことができる（法130条1項）。しかし，長との協議は不要である。

2 　誤り。傍聴人が騒がしいときは，議長は，すべての傍聴人を退場させることができる（法130条2項）。

3 　正しい（法129条1項）。

4 　誤り。議場の秩序を乱し又は会議を妨害するものがあるときは，議員は，議長の注意を喚起することができる（法131条）。注意喚起の対象には，傍聴人も含む（行実昭22.8.8）。

5 　誤り。議会の会議又は委員会で，侮辱を受けた議員は，議会に訴えて懲罰処分を求めることができる（法133条）。侮辱を受けた議員が，議会に訴えて処分を求めるときは，135条2項（懲罰動議の発議）の規定の適用はなく，1人で発議できる（行実昭31.9.28）。なお，法133条の処分とは，懲罰処分の意である（行実昭22.8.8）。

正解 3

Q 46 議会の懲罰①

★★

　地方自治法に規定する普通地方公共団体の議会の懲罰に関する記述として，妥当なのはどれか。

1　普通地方公共団体の議会は，地方自治法及び委員会に関する条例に違反した議員に対し，議決により懲罰を科することができるが，会議規則に違反した議員に対し，議決により懲罰を科することはできない。

2　普通地方公共団体の議会の議員の懲罰の動議を議題とするに当たっては，議員の定数の12分の1以上の者の発議によらなければならない。

3　普通地方公共団体の議会の議員の懲罰のうち，一定期間の出席停止については，当該普通地方公共団体の議会の議員の3分の2以上の者が出席し，その4分の3以上の者の同意がなければならない。

4　普通地方公共団体の議会の議員が正当な理由がなくて会議に欠席したため，議長が，特に招状を発しても，なお故なく出席しない者は，議長において，議会の議決を経て，これに懲罰を科することができる。

5　普通地方公共団体の議会は，除名された議員で再び当選した議員を拒むことができる。

正解チェック欄	1回目		2回目		3回目		Ⓐ

　懲罰の種類は，軽いものから重い順に，①戒告，②陳謝，③出席停止，④除名がある。懲罰の動議には議員定数の8分の1以上の発議が必要である（法135条1項，2項）。正当な理由なく会議に欠席し，議長の招状に応じない議員も懲罰の対象となるが（法137条），この場合のみ発議は議長に専属する（行実昭29.5.12）。

　懲罰のうち，除名は議員の身分を喪失させる重大な処分であるので，議員の3分の2以上の出席で，その4分の3以上の特別多数が必要とされている（法135条3項）。

	種　　類	手続き
議員定数の1/8以上の発議 →	①　公開議場での**戒告** ②　公開議場での**陳謝** ③　一定期間の**出席停止**	**議員定数の半数以上の**出席で過半数の同意
	④　**除名**	**在職議員の2/3以上の**出席で，その**3/4以上**の同意

1　誤り。地方自治法及び委員会に関する条例に違反した議員だけではなく，会議規則に違反した議員に対しても，議決により懲罰を科することができる（法134条1項）。

2　誤り。議員の定数の8分の1以上の者の発議により，議員の懲罰の動議を議題とすることができる（法135条2項）。

3　誤り。一定期間の出席停止については，通常の定足数及び表決になるので，議員定数の半数以上の出席で，過半数の同意で足りる（法113条，116条）。

4　正しい（法137条）。

5　誤り。議会は，除名された議員で再び当選した議員を拒むことができない（法136条）。

正解　4

Q 47 議会の懲罰②

★★

　地方自治法に規定する普通地方公共団体の議会の懲罰に関
する記述として，妥当なのはどれか。

1　普通地方公共団体の議会の議員に対する懲罰処分の効
　力の発生の時期は，本人に対しその旨の通知がなされた
　ときであり，議決のときではない。

2　議会の議員の懲罰のうち，一定期間の出席停止の動議
　を議題とするに当たっては，出席議員の8分の1以上の
　者の発議がなければならない。

3　普通地方公共団体の議会は，地方自治法並びに会議規
　則及び委員会に関する条例に違反した議員に対し，議決
　により懲罰を科することができるが，議会の運営と全く
　関係のない議員の議場外における個人的行為は，懲罰事
　由とすることができない。

4　議会の会期末に起こった懲罰事犯に対する一定期間の
　出席停止の懲罰動議において，その会期を超える期間に
　ついては，次の会期の開会の日を起点に繰り越すことが
　できる。

5　普通地方公共団体の議会の議員が，会議規則に違反し
　て秘密会の議事をもらした場合，その秘密性が継続して
　いるとしても，次の会期において懲罰を科することはで
　きない。

　懲罰については，議会の自主性が尊重されるので，原則として，不服があっても裁判所に訴えることはできない。しかし，除名処分は，議会が議員の身分を剝奪し，議会から排除する重大な侵害行為なので，司法審査の対象になる。また，出席停止の懲罰の適否は，司法審査の対象となる（最判令2.11.25）。

　議員の任期が満了したときは，議員除名決議の取消しを求める訴えの利益は失われる（最判昭35.12.7）。

1　誤り。議員に対する懲罰処分の効力の発生の時期は，議決のときであり，本人に対しその旨の通知がなされたときではない（行実昭25.10.9）。

2　誤り。出席議員ではなく，議員定数の8分の1以上の者の発議が必要である（法135条2項）。

3　正しい（最判昭28.11.20）。

4　誤り。出席停止の効力は次の会期に及ばない（法135条，行実昭23.10.30）。

5　誤り。議員が，会議規則に違反して秘密会の議事をもらした場合，その秘密性が継続する限り，次の会期において懲罰を科しうる（行実昭25.3.18）。

正解　3

Q 48 地方公共団体の長

★★

　地方自治法に規定する普通地方公共団体の長に関する記述として，妥当なのはどれか。

1　普通地方公共団体の長の被選挙資格は，都道府県知事が年齢満30歳以上，市町村長が年齢満25歳以上で，当該地方公共団体に住所を有する者であることを要する。

2　普通地方公共団体の長の任期は4年であるが，任期途中であっても兼業禁止の規定に該当する場合は職務の公正を確保するために，その職を失うものとされる。

3　普通地方公共団体の長及び議会は，住民の直接選挙により選ばれた住民の代表であり，ともに当該地方公共団体を代表する。

4　普通地方公共団体の長は，法定受託事務の管理執行に関しては，国の主務大臣等の指揮監督を受ける。

5　普通地方公共団体の長は，当該地方公共団体の事務を管理し及びこれを執行するが，その担当事務については具体的な定めはない。

		1回目		2回目		3回目		
正解チェック欄								**A**

1　誤り。年齢要件は正しい。後段の住所要件がない（法19条2項，3項，公職選挙法10条）。

2　正しい。長は次の兼職及び兼業が禁止されている。

　　兼職禁止　①国会議員（法141条1項）②地方議会の議員，常勤の職員及び短時間勤務職員（法141条2項）③行政委員会の委員（法182条7項，196条3項，地教行法6条等）

　　兼業禁止　①当該地方公共団体に対して請負をする者及びその支配人　②主としてこれらの請負と同一の行為をする法人の，無限責任社員，取締役，執行役，監査役など

　　　ただし，当該地方公共団体が資本金等の2分の1以上を出資する法人を除く（法142条，令122条）。

　　　長が，被選挙資格を失い又は兼職，兼業禁止の規定に違反した場合には失職し，この決定は選挙管理委員会が行う（法143条1項）。

3　誤り。地方公共団体を統轄しこれを代表するのは，長である（法147条）。なお，「統轄」とは，当該団体の事務全般について，総合的統一性を確保する権限を有することであり，「代表」とは，長が当該地方公共団体の意思を決定し外部に表示する全般的な権限を有することを意味する。

4　誤り。法定受託事務について長は主務大臣等の指揮監督を受けることはない。

5　誤り。長は，当該地方公共団体の事務を管理し執行するが，法149条では主な担任事務が例示されている（[Q49長の権限①]の解説を参照）。

正解　2

Q. 49 長の権限①

★★

　地方自治法に規定する普通地方公共団体の長の権限に関する記述として，妥当なのはどれか。

1　普通地方公共団体の長は，財産を取得する権限を有するが，学校その他の教育機関の用に供する財産を管理し，及び処分する権限は，教育委員会が有し，長はこれらの権限を有しない。

2　普通地方公共団体の長は，当該普通地方公共団体の議会の議決を経るべき事件につきその議案を提出する権限を有するため，当該普通地方公共団体の公益に関する事件につき，議会から国会又は関係行政庁に提出する意見書の議案を議会に提出することができる。

3　普通地方公共団体の長は，その権限に属する事務を分掌させるため，規則で，必要な地に，都道府県にあっては支庁及び地方事務所，市町村にあっては支所又は出張所を設けることができる。

4　普通地方公共団体の長は，当該普通地方公共団体の区域内の公共的団体等の活動の総合調整を図るため，当該普通地方公共団体の議会の議決に基づき，これを指揮監督することができるが，この指揮監督については，議決による委任により，長の裁量によってこれを行うこともできる。

5　普通地方公共団体の長は，会計を監督する事務を担任せず，法律又はこれに基づく政令に特別の定めがあるものを除くほか，当該普通地方公共団体の会計事務は会計管理者がつかさどる。

| 正解チェック欄 | 1回目 | 2回目 | 3回目 | Ⓐ |

長の権限をまとめると次のとおり。

① 統括代表権（法147条）

② 当該普通地方公共団体の事務を管理し，執行する（法148条）。

③ 長は，概ね次の事務を担任する（法149条）。

　1）**議案提出権**　　　　2）**予算の調製・執行**

　3）地方税の賦課徴収等　　4）決算認定の付議

　5）会計の監督　　　　　6）財産の取得，管理，処分

　7）公の施設の設置，管理，廃止

　8）証書，公文書の保管

　9）その他，当該普通地方公共団体の事務の執行

1　誤り。長は，一般的に財産を取得し，管理し，処分する権限がある（法149条6号）。教育財産については，管理する権限は教育委員会にあるが（地教行法21条2号），取得し，処分する権限は長にある（同法22条4号）。

2　誤り。議会は，当該普通地方公共団体の公益に関する事件につき意見書を国会又は関係行政庁に提出することができる（法99条）。意見書原案の発案権は議員にある（行実昭25.7.20）。［Q39議案提出権］の解説の表を参照。

3　誤り。規則ではなく，条例で定める（法155条1項）。

4　正しい。長は，当該普通地方公共団体の区域内の公共的団体等の活動の総合調整を図るため，当該普通地方公共団体の議会の議決に基づき，これを指揮監督することができる（法157条1項，96条1項14号）。議決による委任により，長の裁量によってこれを行うこともできる（行実昭22.5.29）。

5　誤り。長は，会計を監督する事務を担任する（法149条5号）。

正解　4

Q 50 長の権限②

★★

地方自治法に規定する普通地方公共団体の長の権限に関する記述として，妥当なのはどれか。

1 普通地方公共団体の長は，その管理に属する行政庁の処分が法令，条例又は規則に違反すると認めるときは，その処分を取り消し，又は停止することができる。

2 普通地方公共団体の長は，その補助機関である職員を指揮監督することができるが，当該職員には，議会事務局の職員も含まれる。

3 普通地方公共団体の長は，当該普通地方公共団体の区域内の公共的団体を指揮監督することができるが，この場合の公共的団体とは，農業協同組合，赤十字社等の公共的な活動を営むものであって，法人に限られる。

4 普通地方公共団体の長は，その権限に属する事務を分掌させるため，必要な内部組織を設けることができ，当該普通地方公共団体の長の直近下位の内部組織の設置及びその分掌事務については，規則で定める。

5 普通地方公共団体の長は，毎会計年度，出納の閉鎖後3箇月以内に，決算を調製し，証書類とあわせて，当該普通地方公共団体の議会の認定に付さなければならない。

| 正解チェック欄 | 1回目 | | 2回目 | | 3回目 | | Ⓐ |

長の担任事務（法149条）以外の長の具体的権限は次のとおり。

① 規則制定権（法15条）

② 内部統制に関する方針の策定（法150条）

③ 職員の指揮監督権（法154条）

④ 所管行政庁の処分取消・停止権（法154条の 2 ）

⑤ 支庁・地方事務所・支所等の設置権（法155条）

⑥ 公共的団体等の監督権（法157条）

⑦ 副知事（副市長村長）の選任等の職員の任免権（法162条等）

⑧ 行政委員会に対する総合調整権（法180条の 4 ）

1 正しい（法154条の 2 ）。

2 誤り。長は，その補助機関である職員を指揮監督する（法154条）。しかし，その職員には，普通地方公共団体から独立した執行権を持つ議会事務局の職員は含まれない。

3 誤り。長は，当該普通地方公共団体の区域内の公共的団体を指揮監督することができる（法157条 1 項）。公共的団体とは，公共的な活動を営むものはすべて含まれ，法人たると否とを問わない（行実昭24.2.7）。

4 誤り。長の直近下位の内部組織の設置及びその分掌事務については，条例で定める（法158条 1 項）。

5 誤り。決算を調製するのは会計管理者である（法233条 1 項）。長は，会計管理者から提出された書類に監査委員の意見を付けて，次の通常予算を議する会議までに議会の認定に付さなければならない（同条 2 項， 3 項）。

正解 1

Q 51 長の権限の代行①

★★

　地方自治法に規定する普通地方公共団体の長の権限の代行に関する記述として，妥当なのはどれか。

1　副知事又は副市町村長を置かない普通地方公共団体において，当該普通地方公共団体の長に事故があるときは，その補助機関である職員のうちから当該普通地方公共団体の規則で定めた上席の職員がその職務を代理する。

2　普通地方公共団体の長は，その権限に属する事務の一部をその補助機関である職員に臨時に代理させることができ，この場合に，当該事務の権限は代理者に帰属し，長は，代理者を指揮監督することができない。

3　普通地方公共団体の長は，その権限に属する事務の一部を副知事又は副市町村長に委任することができるが，この権限の委任は，意思表示により行われ，特段の形式を要しない。

4　普通地方公共団体の長は，その権限に属する事務の一部をその管理に属する行政庁に委任することができる。

5　普通地方公共の長は，その権限に属する事務の一部を，行政委員会と協議して，当該行政委員会の補助機関である職員に長の事務の一部を補助執行させることができるが，この補助執行により権限そのものが移動し，対外的な表示は受任者の名で行われる。

	1回目	2回目	3回目	
正解チェック欄				Ⓐ

　自治法は，長の権限に属する事務について，補助機関である職員や行政委員会に行わせるために，次の4つの制度を設けている。

代行制度	趣　旨	帰属先	名　義	法の根拠
①法定代理	長の権限の全部を代理	長	長	**必要**（法定だから）
②授権代理	長の権限の一部を臨時に代理	長	長	不要
③委任	受任者の権限として代行	**受任者**	**受任者**	**必要**（権限が移るから）
④補助執行	内部的に長の決定を代行	長	長	不要

1　誤り。副知事又は副市町村長を置かない普通地方公共団体において，当該普通地方公共団体の長に事故があるときは，その補助機関である職員のうちから当該普通地方公共団体の長の指定する職員が長の職務を代理する（法152条2項）。その職員がいないときは，規則で定めた上席の職員がその職務を代理する（同条3項）。

2　誤り。長は，その権限に属する事務の一部をその補助機関である職員に臨時に代理させることができる（法153条1項）。授権代理は，長の意思により代理関係が発生し，長に指揮監督権が残る。

3　誤り。長は，副知事又は副市町村長に委任した場合は，その旨を告示する必要がある（法167条3項）。

4　正しい（法153条2項）。

5　誤り。長は，行政委員会と協議して，当該行政委員会の補助機関である職員に長の事務の一部を補助執行させることができる（法180条の2）。補助執行は，長の権限の事務の一部を職員等に内部的に委ねて執行させるもので，権限は移動せず，名義も長となる。

正解　4

Q 52 長の権限の代行②

★★

　地方自治法に規定する普通地方公共団体の長の権限の代行に関する記述として，妥当なのはどれか。

1　普通地方公共団体の長は，その権限に属する事務の一部をその管理に属する行政庁に委任することができ，住民に直接関係のある事務を委任する場合は，住民に周知するよう必ず公示しなければならない。

2　普通地方公共団体の長は，その権限に属する事務の一部をその補助機関である職員に委任することができるが，当該職員に臨時に代理させることはできない。

3　普通地方公共団体の長は，その権限に属する事務の一部をその補助機関である職員に委任することができるが，長の管理に属する行政庁に委任することはできない。

4　普通地方公共団体の長は，その権限に属する事務の一部を，当該普通地方公共団体の委員会と協議して，当該委員会の事務を補助する職員に委任することはできるが，補助執行させることはできない。

5　普通地方公共団体の長は，その権限に属する事務の一部を，当該普通地方公共団体の副知事又は副市町村長に委任した場合には，直ちに，その旨を告示しなければならない。

正解チェック欄	1回目		2回目		3回目		Ⓐ

① **法定代理**とは，法定の事由が発生したときに，当然に代理権が発生するものである。その権限の全部（一身専属的な権限を除く。）を代理する。長に事故があるとき又は欠けたときは，副知事（副市町村長）が職務を代理する（法152条1項）。

② **授権代理**とは，長の判断で臨時にその権限の一部を代理させるものである。長は，その権限の事務の一部を，その**補助機関である職員**に臨時に代理させることができる（法153条1項）。

③ **権限の委任**とは，長の権限の事務の一部を職員等に委ねて，常時その**受任者の名**と責任において事務を行わせることである。委任すると，**委任した長はその権限を失う**。権限が移るという特別な効果があるため，民法上の委任ではなく，**公法上の委任**として**法律の根拠**が必要となる。

④ **補助執行**とは，長の権限の事務の一部を職員等に内部的に委ねて執行させるものである。長の職員に対する指揮監督権から派生するから，**法律の根拠は不要**である。

1 誤り。長は，その権限に属する事務の一部をその管理に属する行政庁に委任することができる（法153条2項）。この場合に住民に直接関係のある事務を委任するときは，住民に周知するよう公示等の措置を講ずることが適当である（行実昭28.12.1）。

2 誤り。長は，職員に臨時に代理させることができる（法153条1項）。

3 誤り。長は，その管理に属する行政庁に委任することができる（法153条2項）。

4 誤り。長は，その権限に属する事務の一部を，当該普通地方公共団体の委員会と協議して，当該委員会の事務を補助する職員に委任し，補助執行させることができる（法180条の2）。

5 正しい（法167条2項，3項）。

正解 **5**

Q | 53 補助機関①

★

　地方自治法に規定する普通地方公共団体の副知事，副市町村長に関する記述として，妥当なのはどれか。

1　普通地方公共団体の長の職務を代理していない副知事又は副市町村長は，退職しようとするときは，その退職しようとする日前20日までに，当該普通地方公共団体の議会の議長に申し出なければならない。

2　普通地方公共団体の長は，副知事又は副市町村長を置く場合は条例で定数を定めなければならないが，副知事又は副市町村長を置かない場合は条例を定める必要はない。

3　普通地方公共団体の副知事又は副市町村長は，当該普通地方公共団体に対し請負をする者となることができず，請負をする者となったときは，普通地方公共団体の長は，当該副知事又は副市町村長を解職しなければならない。

4　普通地方公共団体の副知事又は副市町村長は，当該普通地方公共団体の議会の議員と兼ねることはできないが，当該普通地方公共団体の常勤の職員と兼ねることはできる。

5　普通地方公共団体の長は，当該普通地方公共団体の副知事又は副市町村長を議会の同意を得て選任するので，副知事又は副市町村長を任期中に解職するときは，議会の同意を得なければならない。

正解チェック欄	1回目	2回目	3回目	A

　副知事又は副市町村長は原則として必置であるが，条例で置かないことができる（法161条1項）。定数は，条例で定める（同条2項）。長が，議会の同意を得て選任する特別職である（法162条）。

　任期は4年。ただし，長は，任期中でも解職できる（法163条）。

　長の職務代理者である副知事（副市町村長）は，退職しようとするときは，退職しようとする日前20日までに議会の議長に申し出なければならない。ただし，議会の承認があれば，期日前に退職できる（法165条1項）。

　それ以外の場合の副知事（副市町村長）は，退職を長に申し出る必要がある。ただし，長の承認があれば，期日前に退職できる（法165条2項）。

退職者	受理期間	期日前退職の条件
長の職務代理者である副知事等	議会の議長（20日前）	議会の承認
それ以外の副知事等	長（20日前）	長の承認
（参考）長（知事，市長等）（法145）	議会の議長（知事30日前，市長等20日前）	議会の同意

1　誤り。議会の議長ではなく，長に申し出なければならない（法165条2項）。

2　誤り。条例で置かないことができる（法161条1項）。

3　正しい（法166条3項）。

4　誤り。副知事又は副市町村長は，当該普通地方公共団体の議会の議員，常勤の職員と兼ねることはできない（法166条2項，141条2項）。

5　誤り。長は，任期中でも解職でき，議会の同意は不要である（法163条）。

正解　3

Q 54 補助機関②

★

　地方自治法に規定する普通地方公共団体の会計管理者に関する記述として，妥当なのはどれか。

1　会計管理者は，普通地方公共団体の長の補助機関である職員のうちから，普通地方公共団体の長が，議会の同意を得て，これを選任する。

2　普通地方公共団体の長，副知事若しくは副市町村長又は監査委員と親子，夫婦又は兄弟姉妹の関係にある者は，会計管理者になることができない。

3　会計管理者の任期は，副知事又は副市町村長の任期と同様に，４年と定められている。

4　会計管理者は，現金及び物品の出納及び保管を行うこと，決算を調製し監査委員の審査に付すこと，会計を監督することなどの会計事務をつかさどる。

5　普通地方公共団体には，会計管理者を一人置くことになっているが，町村に限り，町村長又は副町村長が会計管理者の事務を兼掌することができる。

正解チェック欄	1回目	2回目	3回目	

会計管理者は1人必置である（法168条）。

長が，補助機関である職員から命じる一般職である（同条2項）。

会計事務（概ね次の事務）をつかさどる（法170条）。

> 1現金の出納・保管　2小切手の振出し　3有価証券の出納・保管　4物品の出納・保管※　5現金・財産の記録管理　6支出負担行為に関する確認　7決算の調製と長への提出

※　使用中の物品については，使用している職員に保管責任がある（昭38・12・19通知）。

副知事又は副市町村長と会計管理者の違いは次表のとおり。

	副知事，副市町村長	会計管理者
定数	**条例**で定める（原則必置だが，条例で置かないことも可能）	1人必置
選任	長が，**議会の同意**を得て選任	長が，補助機関の職員から任命
身分	特別職，任期4年	一般職，任期なし

1　誤り。長が，補助機関である職員から命じ，議会の同意は不要である（法168条2項）。

2　正しい（法169条1項）

3　誤り。一般職であるから，任期は定められていない（法168条2項）。

4　誤り。会計管理者は，現金及び物品の出納及び保管など，会計事務をつかさどる（法170条）。会計管理者は決算を調製するが（法233条1項），監査委員の審査に付すことと（同条2項）会計の監督は長が行う（法149条5号）。

5　誤り。長は，常勤の職員である会計管理者と兼ねることができない（法166条2項で法141条を準用）。

正解　2

Q 55 附属機関

★

　地方自治法に規定する附属機関に関する記述として，妥当なのはどれか。

1　普通地方公共団体は，当該普通地方公共団体の執行機関の附属機関が臨時的又は速急を要する機関である場合には，法律又は条例によらず，規則によりこれを設置することができる。

2　普通地方公共団体の執行機関の附属機関を組織する委員その他の構成員は非常勤であり，これを条例で常勤とし，給料を支給することはできない。

3　普通地方公共団体の執行機関の附属機関は，調停又は審査のための機関に限られ，審議又は調査のための機関として設置することはできない。

4　普通地方公共団体の執行機関の附属機関は，法律又はこれに基づく政令に特に定めがある場合を除き，独自の事務局を持ち，その事務局が当該附属機関の庶務を行わなければならない。

5　普通地方公共団体の執行機関の長は，当該執行機関の附属機関の長や委員となることはできない。

正解チェック欄	1回目	2回目	3回目	Ⓐ

法律又は**条例**の定めるところにより，執行機関の附属機関として，自治紛争処理委員，審査会，審議会，調査会その他の調停，審査，諮問又は調査のための機関を置くことができる（法138条の4・3項）。政令で定める執行機関には，附属機関を置くことはできないが，現在，その政令の定めはない（同条但書）。

附属機関の職務は，長を代表とする執行機関の要請に応じて，調停，審査，審議，調査等を行うことである（法202条の3・1項）。附属機関は独自の執行権限を有しない。

また附属機関の委員その他の構成員は，**非常勤**である（同条2項）。庶務は，法令に特別の定めがある場合を除き，属する執行機関が行う（同条3項）。

1　誤り。附属機関たる性格を有するものは，名称のいかんを問わず，臨時的又は速急を要する機関であっても，条例によらなければ設置できない（法138条の4・3項，行実昭27.11.19）。

2　正しい。附属機関を組織する委員その他の構成員は非常勤であると規定されており（法202条の3・2項），条例で常勤とし，給料を支給することはできない。

3　誤り。附属機関は，調停，審査，審議又は調査等を行うための機関である（法202条の3・1項）。

4　誤り。庶務は，法令に特別の定めがある場合を除き，属する執行機関が行う（法202条の3・3項）。

5　誤り。執行機関の長が，当該執行機関の附属機関の長又は委員となることは，さしつかえない（行実昭33.3.12）。

正解　2

Q 56 再議制度①

★★★

地方自治法に規定する普通地方公共団体の再議制度に関する記述として，妥当なのはどれか。

1 　普通地方公共団体の議会の議決について異議があるときは，当該普通地方公共団体の長は，地方自治法に特別の定めがあるものを除くほか，その議決の日から10日以内に理由を示してこれを再議に付することができる。

2 　普通地方公共団体の議会の議決が再議に付された議決と同じ議決であるときは，その議決は確定するが，この場合，条例の制定又は改廃に関する議決に限り，出席議員の３分の２以上の者の同意がなければならない。

3 　普通地方公共団体の長は，当該普通地方公共団体の議会の議決が法令に違反すると認めるときは，これを再議に付さなければならず，再議による議会の議決がなお法令に違反すると認めるときは，総務大臣に審査を申し立てることができるが，審査の裁定に不服があっても裁判所に出訴することはできない。

4 　普通地方公共団体の議会の議決が，収入又は支出に関し執行することができないものがあると認めるときは，当該普通地方公共団体の長は，理由を示してこれを再議に付さなければならない。

5 　普通地方公共団体の議会の予算に関する議決について異議があるときは，当該普通地方公共団体の長は，これを再議に付さなければならないが，この場合においては，理由を示す必要はない。

正解チェック欄	1回目		2回目		3回目		Ⓐ

議会審議では，同一会期内に再度同じ議題を審議できないという一事不再議の原則があるが，再議制度はその例外で，次の2種類がある。

① 任意的再議→長に再議に付すかどうか判断を任せているもの

② 義務的再議→長に再議を義務付けているもの

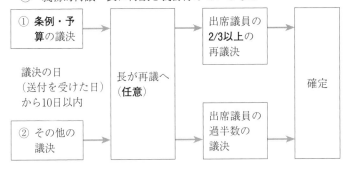

1 正しい（法176条）。

2 誤り。予算に関する議決についても出席議員の3分の2以上の者の同意が必要である（法176条3項）。

3 誤り。議会の議決が法令に違反すると認めるときは，これを再議に付さなければならない（法176条4項）。審査を申し立てるのは，都道府県知事にあっては総務大臣，市町村長にあっては都道府県知事である（同条5項）。しかし，審査の裁定に不服があるときは，裁判所に出訴することができる（同条7項）。

4 誤り。平成24年の法改正で「収支執行不能な議決」に対する再議は，任意的再議とされ，規定が廃止された。

5 誤り。予算に関する議決に異議があるときは，理由を示して再議に付することができるので，義務的再議ではなく，任意的再議である（法176条1項）。

正解 1

Q 57　再議制度②

★★★

　地方自治法に規定する普通地方公共団体の再議制度に関する記述として，妥当なのはどれか。

1　普通地方公共団体の議会の議決について異議があるときは，当該普通地方公共団体の長が，これを再議に付さなければならず，否決されたものについても再議の対象となる。

2　普通地方公共団体の議会の議決がその権限を越えると認めるときは，当該普通地方公共団体の長は，理由を示してこれを再議に付さなければならず，この場合において，議会の議決がなおその権限を越えると認めるときは，市町村長にあっては都道府県知事に対し，当該議決のあった日から21日以内に，審査を申し立てることができる。

3　普通地方公共団体の議会の議決が法令に違反すると認めるときは，当該普通地方公共団体の議会の議長は，これを再議に付さなければならないが，当該議決が法令に違反するかどうかの認定権は当該普通地方公共団体の長にある。

4　普通公共団体の議会において，非常の災害による応急若しくは復旧の施設のために必要な経費を減額する議決をしたときは，当該普通地方公共団体の長は，再議に付することなく，その経費及びこれに伴う収入を予算に計上してその経費を支出することができる。

5　普通地方公共団体の議会が，法令により負担する経費を削除する議決をした場合において，当該普通地方公共団体の長がその経費を再議に付しても，議会の議決がなおその経費を削除したときは，当該普通地方公共団体の長は，その議決を不信任の議決とみなすことができる。

| 正解チェック欄 | 1回目 | 2回目 | 3回目 | **A** |

　長は，次の3項目の議決については，再議に付すことが義務づけられている（義務的再議）。

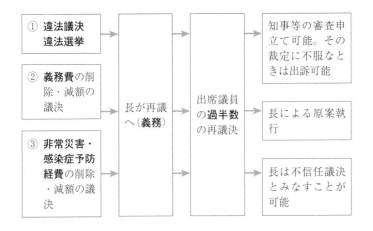

1　誤り。議会の議決について異議あるときは，長は，これを再議に付すことができる（任意的再議）（法176条1項）。

2　正しい（法176条4項，5項）。

3　誤り。議会の議決が法令に違反すると認めるときは，当該普通地方公共団体の長が，これを再議に付さなければならない（義務的再議）（法176条4項）。

4　誤り。非常の災害による応急若しくは復旧の施設のために必要な経費を減額する議決をしたときは，長は，これを再議に付さなければならない（義務的再議）（法177条1項2号）。

5　誤り。長は，法令により負担する経費を予算に計上して支出することができる（法177条2項）。

正解　2

Q 58 不信任議決と議会の解散

★★★

地方自治法に規定する普通地方公共団体の長と議会に関する記述として，妥当なのはどれか。

1　普通地方公共団体の議会において，当該普通地方公共団体の長の不信任の議決をしたときは，直ちに議長からその旨を当該普通地方公共団体の長に通知しなければならない。

2　普通地方公共団体の議会において，当該普通地方公共団体の長の不信任の議決をした場合に，当該普通地方公共団体の長が議長から不信任議決の通知を受けた日から10日以内に議会を解散しないときは，長は議長から不信任議決の通知を受けた日においてその職を失う。

3　普通地方公共団体の議会において，当該普通地方公共団体の長の不信任の議決をし，当該普通地方公共団体の長が議会を解散した場合において，その解散後初めて招集された議会において再び不信任の議決をするためには，議員数の3分の2以上の者が出席し，その4分の3以上の者の同意がなければならない。

4　普通地方公共団体の議会において，当該普通地方公共団体の長の不信任の議決をするには，議員数の過半数が出席し，その4分の3以上の者の同意がなければならない。

5　普通地方公共団体の長が当該普通地方公共団体の議会の議長から不信任議決の通知を受けたとき，既に議員が総辞職していたために議会を解散することができない場合，当該普通地方公共団体の長はその職を失う。

| 正解チェック欄 | 1回目 | 2回目 | 3回目 | **A** |

　長と議会が対立した場合の打開策として，不信任議決と解散の制度が，国の制度（憲法69条）と同様にある。

①　議会は，議員数の３分の２以上が出席し，その**４分の３以上の同意**により，長の不信任議決ができる（法178条１項，３項）。

②　これに対して，長は次の対応がある（法178条１項，２項）。

　　ア　不信任議決の通知を受けた日から10日以内に議会を解散

　　イ　解散しない場合は，**10日を経過した日に長が失職**

③　「ア　議会を解散」した場合でも，解散後初めて招集された議会において議員数の３分の２以上が出席し，その**過半数の同意**により，再び長の不信任議決ができる。この場合には，長は，議長から**通知があった日に失職**する（法178条２項，３項）。

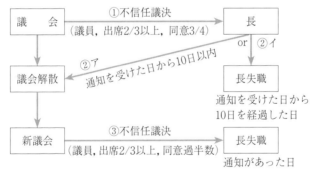

1　正しい（法178条１項）。

2　誤り。不信任議決の通知を受けた日から10日以内に議会を解散しないときは，10日を経過した日において長が失職する（法178条２項）。

3　誤り。上記③の場合である。議員数の３分の２以上が出席し，その**過半数の同意**により，再び長の不信任議決をすることができる（法178条１項，３項）。

4　誤り。長の不信任の議決には，議員数の３分の２以上の者の出席が必要である（法178条３項）。

5　誤り。長は失職しない（行実昭25.11.30）。

| 正解 | 1 |

Q 59 専決処分

★★

地方自治法に規定する普通地方公共団体の専決処分に関する記述として，妥当なのはどれか。

1 法定代理的専決処分ができる場合は，普通地方公共団体の議会が成立しないとき，又は議会において議決すべき事件を議決しないときに限られる。

2 普通地方公共団体の議会が成立しないとき，又は議会において議決すべき事件を議決しないときは，当該普通地方公共団体の長は，その議決すべき事件を処分することができるが，副知事又は副市町村長の選任の同意については処分することができない。

3 条例の制定に関する処置について承認を求める議案が否決されたときは，普通地方公共団体の長は，速やかに，当該処置に関して必要と認める措置を講ずる必要があるが，その旨を議会に報告する必要はない。

4 普通地方公共団体の長は，当該普通地方公共団体の議会が成立しないときは，その議決すべき事件を専決処分にすることができるが，次の議会にこれを報告し，その承認が得られないときは，法律上その処分は無効になる。

5 普通地方公共団体の議会の権限に属する軽易な事項で，その議決により特に指定したものは，普通地方公共団体の長において，これを専決処分にすることができ，長は，当該専決処分について，議会の承認を求めなければならない。

| 正解チェック欄 | 1回目 | | 2回目 | | 3回目 | | |

専決処分とは，長が議会に議決を経ずに議決事件を処置すること
をいい，①法定代理的専決処分と②任意代理的専決処分がある。

①　法律の規定による専決処分は4つの場合がある（法179条1項）。

法定上の専決要件	具体的な状況
ア　議会が成立しないとき	議員数が定足数の半数に満たない場合（行実）
イ　定足数の例外規定の場合でも，なお会議を開くことができないとき	―
ウ　長が，特に緊急を要するため議会を招集する時間的余裕がないことが明らかであると認めるとき	年度末に4月1日施行の地方税法が改正され，それに伴い地方税条例を改正する場合等
エ　議会が議決・決定すべき事件を議決・決定しないとき	―

法定代理的専決処分をした場合，長は，次の会議において議会
に報告し，承認を得る必要がある（同条3項）。

②　議会の委任による専決処分（任意代理的専決処分）

任意代理的専決処分をした場合，長は，議会に報告しなければ
ならないが，承認を得る必要はない（法180条2項）。

1　誤り。法定代理的専決処分ができる場合は，上記4つの場合
がある（法179条1項）。

2　正しい（法179条1項但書）。

3　誤り。条例の制定改廃や予算に関する処置について承認が否
決されたときは，長は，速やかに，必要と認める措置を講ずる
とともに議会への報告が義務付けられている（法179条4項）。

4　誤り。長の専決処分が議会に承認を得られなかった場合にお
いても，法律上の効力に影響はない（行実昭26.8.15）。

5　誤り。長は，当該専決処分について，議会に報告しなければ
ならないが，議会の承認は不要である（法180条2項）。

正解　2

Q 60 議会と長の関係

★★★

　地方自治法に規定する普通地方公共団体の議会と長の関係に関する記述として，妥当なのはどれか。

1　普通地方公共団体の議会の議決について異議があるときは，当該普通地方公共団体の長は，地方自治法に特別の定めがあるものを除くほか，その議決の日から21日以内に理由を示してこれを再議に付することができる。

2　普通地方公共団体の議会の議決又は選挙がその権限を越え，又は法令に違反すると認めるときは，当該普通地方公共団体の長は，理由を示してこれを再議に付さなければならないが，再選挙を行わせることはできない。

3　普通地方公共団体の議会において，法令により負担する経費を削除する議決をし，当該普通地方公共団体の長が再議に付しても，議会の議決がなおその経費を削除した場合は，当該経費を予算に計上し，支出することができない。

4　普通地方公共団体の議会において，当該普通地方公共団体の長の不信任の議決をしたとき，当該普通地方公共団体の長は，不信任の議決の通知を受けたから10日以内に必ず議会を解散しなければならない。

5　普通地方公共団体の議会の権限に属する軽易な事項で，その議決により特に指定したものは，当該普通地方公共団体の長において，これを専決処分にすることができるが，当該普通地方公共団体の長が指定された事項を専決処分したときは，これを議会に報告しなければならない。

正解チェック欄	1回目		2回目		3回目		**A**

　普通地方公共団体の組織については，長も議員も住民が直接選挙するという「大統領制（首長主義）」を採用している（[Q2地方公共団体の意義]の解説を参照）。そこで，長と議員で構成される議会との間に意見の対立等の発生が当然考えられる。自治法は，打開措置として次の3つの手段を用意した。

①　再議制度（[Q56，57]）

②　不信任議決と議会の解散（[Q58]）

③　専決処分（[Q59]）

問題として出題されるのは，これらが組み合わされたものが多い。

1　誤り。議決の日から10日以内に理由を示してこれを再議に付することができる（法176条1項）。

2　誤り。議会の選挙がその権限を越え，又は法令に違反すると認めるときは，当該普通地方公共団体の長は，理由を示して再選挙を行わせなければならない（法176条4項）。

3　誤り。長が再議に付しても，議会の議決がなお法令により負担する経費を削除した場合は，当該経費を予算に計上し，支出することができる（法177条2項）。

4　誤り。10日以内に議会を解散することができるのであり，解散が義務付けられているわけではない（法178条1項）。

5　正しい（法180条1項）。

正解　5

Q 61 委員会及び委員

★★

　地方自治法に規定する普通地方公共団体の委員会及び委員
に関する記述として，妥当なのはどれか。

1　普通地方公共団体に置かれる委員会には，都道府県の
　みに設置される委員会と市町村のみに設置される委員会
　があり，農業委員会は都道府県のみに設置される。

2　普通地方公共団体の委員会の委員又は委員は，法律に
　特別な定めがあるものを除くほか，非常勤とするが，こ
　の法律に特別な定めがあるものとしては，識見を有する
　ものから選任される監査委員は，これを常勤とすること
　ができるとする例がある。

3　普通地方公共団体の委員会の委員又は委員は，政令で
　定める事務を除き，その権限に属する事務の一部を，当
　該普通地方公共団体の長と協議して，長の補助機関であ
　る職員に委任することはできるが，長の補助機関である
　職員に補助執行させることはできない。

4　普通地方公共団体の委員会の委員又は委員は，兼業禁
　止の規定を受け，職務全般において当該普通地方公共団
　体に対し請負をする者となることができず，この規定に
　該当するかどうかは，選任権者が決定する。

5　普通地方公共団体の長又は副知事若しくは副市町村長
　と親子，夫婦又は兄弟姉妹の関係にある者は，監査委員
　となることができず，この規定に該当するかどうかは，
　選任権者である長が決定する。

正解チェック欄	1回目		2回目		3回目		**A**

　委員会・委員は，次の表のように分類することができる（法138条の４，180条の５）。

都道府県に必置	都道府県・市町村ともに必置	市町村に必置
公安委員会 労働委員会 収用委員会 海区漁業調整委員会 内水面漁場管理委員会	教育委員会 選挙管理委員会 人事（公平）委員会 監査委員	農業委員会 固定資産評価審査委員会※

※　固定資産評価審査委員会は，23特別区がある区域では，東京都に設置される。固定資産税については，都が市とみなされるため（地方税法734）。

1　誤り。農業委員会は市町村のみの設置（法180条の５・３項）。

2　正しい（法180条の５・５項，196条４項）。

3　誤り。長の補助機関である職員に委任することも，補助執行させることもできる（法180条の７）。

4　誤り。委員は，兼業禁止の規定を受け，当該普通地方公共団体に対して請負関係に立つことが禁止されているが，「その職務に関して」に限定されている（180条の５・６項）。その職務に関してでなければ請負関係に立つことができる。

5　誤り。長・副知事（副市町村長）と「親子・夫婦・兄弟姉妹の関係にある者」は，監査委員となることができない（法198条の２・１項）。関係が生じたときは，監査委員は，自動的に**失職**する（同条２項）。なお，Ａの職と「親子・夫婦・兄弟姉妹の関係にある者」は，Ｂの職につけない，ということをＡ＞Ｂで表すと下図のとおり。

正解　2

Q 62 長と行政委員会の関係

★★

地方自治法に規定する普通地方公共団体の執行機関である委員会又は委員と長の関係に関する記述として，妥当なのはどれか。

1 普通地方公共団体の長は，組織運営の合理化と権衡の保持を図るため，当該普通地方公共団体の委員会又は委員に対して，事務職の組織，職員の定数又は職員の身分取扱について，必要な措置を講じるよう命ずることができる。

2 普通地方公共団体の委員会又は委員は，法律に特別の定めがあるものを除き，当該普通地方公共団体の長と協議して，その所掌事務に係る議会の議決を経べき事件につきその議案を提出することができる。

3 普通地方公共団体の委員会は，法律に特別の定めがあるものを除き，当該普通地方公共団体の長から委任があっても，その所掌事務に係る手数料を徴収することはできない。

4 普通地方公共団体の委員会又は委員は，政令で定める事務を除き，その権限に属する事務の一部を，当該普通地方公共団体の長と協議して，長の補助機関である職員に委任し，若しくは補助執行させることができる。

5 普通地方公共団体の委員会又は委員は当該普通地方公共団体の長と協議して，当該普通地方公共団体に対しその職務に関し請負をする者及びその支配人となることができる。

| 正解チェック欄 | 1回目 | 2回目 | 3回目 | **A** |

① 行政委員会の権限に属しない事項は次の4項目（法180条の6）

　　1）普通地方公共団体の予算の調製・執行

　　2）普通地方公共団体の議決事件につき議案を提出すること

　　3）地方税の賦課徴収，分担金・加入金の徴収，過料を科すこと

　　4）普通地方公共団体の決算を議会の認定に付すこと

② 長の行政委員会に対する総合調整権は次の3項目

　　1）組織・人事に関する長の総合調整権（法180条の4）

　　2）予算執行に対する総合調整権（法221条1項）

　　3）公有財産に関する総合調整権（法238条の2）

1　誤り。必要な措置を講じるように「命ずる」ことはできない。必要な措置を講ずべきことを「勧告する」ことができる（法180条の4・1項）。

2　誤り。委員会は，議決事件については法律に特別の定めがあるものを除き，議案を提出することはできない（法180条の6・2号）。なお，議会の委員会は，その部門に属するものについては，議会の議決すべき事件につき予算以外の議案を提出することができる（法109条6項）。

3　誤り。委員会は，「地方税を賦課徴収し，分担金若しくは加入金を徴収し，又は過料を科すること」はできない（法180条の6・3号）。しかし，委員会の所掌事務に係る手数料については，法180条の2の規定による委任があれば徴収することができる（行実昭38.12.19.）。

4　正しい（法180条の7）。

5　誤り。請負をする者等になることはできない（法180条の5・6項）。

正解　4

Q 63 外部監査契約に基づく監査

★

　地方自治法に規定する外部監査契約に基づく監査に関する記述として，妥当なのはどれか。

1　普通地方公共団体が外部監査契約を締結できる者は，普通地方公共団体の財務管理，事業の経営管理その他行政運営に関し優れた識見を有する者であって，弁護士，公認会計士，税理士又はそれらとなる資格を有する者に限られる。

2　外部監査人は，地方公共団体との間の契約に基づく地位であり，公務員の身分を有しておらず，監査の事務に関し，刑法その他の刑罰の適用について，法令により，公務に従事する職員とみなされることはない。

3　普通地方公共団体の長は，当該普通地方公共団体の住民から住民監査請求に係る個別外部監査の請求があったときは，監査委員の監査に代えて個別外部監査契約に基づく監査によることについて，議会に付議しなければならない。

4　包括外部監査人は，監査のため必要があると認めるときは，監査委員と協議して，関係人の出頭を求め，若しくは関係人について調査し，若しくは関係人の帳簿，書類その他の記録の提出を求め，又は学識経験を有する者等から意見を聴くことができる。

5　普通地方公共団体の長は，外部監査人が心身の故障のため監査の遂行に堪えないと認めるとき，又は外部監査契約に係る義務に違反する行為があると認めるときその他外部監査人と外部監査契約を締結していることが著しく不適当と認めるときは，監査委員の同意を得て，外部監査契約を解除することができる。

| 正解チェック欄 | 1回目 | 2回目 | 3回目 | Ⓐ |

外部監査は，外部の専門家が自治体との契約により監査を行う制度である。外部監査は次の2種類がある。

種　類	監査の内容	締結を義務付けられる団体
包括外部監査 法252の27② 法252の36①②	毎会計年度，外部監査人が必要と認める特定の事件を監査	ア　都道府県 イ　政令で定める市（政令指定都市，中核市） ウ　その他の市町村で外部監査を受けることを条例で定めたもの
個別外部監査 法252の27③	特別監査を実施する際に外部監査の要求等に係る事項について監査	条例により外部監査ができることを定めている普通地方公共団体

1　誤り。普通地方公共団体が外部監査契約を締結できる者は，弁護士，公認会計士の他に，国の行政機関での会計検査事務従事者又は地方公共団体での監査，財務従事者で，監査実務に精通しているものとして政令で定めるものも含まれる（法252条の28・1項）。

2　誤り。外部監査人は，監査の事務に関しては，刑法その他の罰則の適用について，法令により公務に従事する職員とみなす（法252条の31・5項）。

3　誤り。住民監査請求に係る個別外部監査を行うのが相当であるかどうかは，監査委員が判断する（法252条の43・2項）。

4　正しい（法252条の38・1項）。

5　誤り。契約を解除する場合には，あらかじめ監査委員の意見を聴くとともに，その意見を付けて議会の同意を得る必要がある（法252条の35・2項）。

正解　4

Q 64 監査委員①

★★

地方自治法に規定する普通地方公共団体の執行機関である監査委員に関する記述として, 妥当なのはどれか。

1 監査委員は, 普通地方公共団体の長が, 議会の同意を得て, 行政運営に関し優れた識見を有する者及び議員から選任され, 当該監査委員は普通地方公共団体の短時間勤務職員と兼ねることができる。

2 普通地方公共団体の長が監査委員を罷免しようとする場合は, 当該普通地方公共団体の議会の同意が必要であり, 監査委員が自ら退職しようとする場合でも, 議会の同意を必要とする。

3 識見を有する者のうちから選任される監査委員のうち, 都道府県及び政令で定める市にあっては, 2人以上は常勤としなければならず, 市町村にあっては, 1人以上は常勤としなければならない。

4 代表監査委員又は監査委員の処分又は裁決に係る普通地方公共団体を被告とする訴訟については, 代表監査委員が当該普通地方公共団体を代表する。

5 監査委員は, 普通地方公共団体の財務に関する事務の執行を監査するので, 当該普通地方公共団体の会計管理者と親子, 夫婦又は兄弟姉妹の関係が生じたときは, 職を失う。

　監査委員は，長が議会の同意を得て，普通地方公共団体の財務管理等に優れたア　**識見を有する者**とイ　**議員**のうちから選任される（法196条1項）。

	定数※	うち議員数	常勤とするか（法196条④,⑤）
都道府県・政令で定める市	4人	2人又は1人	識見委員の1人以上は常勤とする義務あり
その他の市町村	2人	1人	識見委員を常勤とすることが可能

※　**定数**は，条例で増加可能（識見委員のみ）（法195条2項）。

　任期は，ア　識見を有する者は4年，イ　議員は，議員の任期になる（法197条）。

　長は，次の場合には，議会の同意を得て，監査委員を**罷免**することができる（法197条の2）。

　ア　心身の故障のため職務の遂行に堪えないと認めるとき

　イ　監査委員たるに適しない非行があると認めるとき

　1　誤り。監査委員は，地方公共団体の常勤の職員及び短時間勤務職員と兼ねることができない（法196条3項）。

　2　誤り。長が監査委員を罷免しようとする場合は，議会の同意が必要であるが（法197条の2），監査委員が退職しようとする場合は，議会の同意は不要で，長の承認が必要である（法198条）。

　3　誤り。都道府県及び政令で定める市では，識見を有する者から選任される監査委員のうち少なくとも1人以上は常勤とする必要がある（法196条5項）。その他の市町村では，識見委員を常勤とすることが可能なだけである（同条4項）。

　4　正しい（法199条の3・3項）。

　5　誤り。監査委員は職を失わない。職を失うのは，会計管理者である（法169条2項）。

正解　4

Q 65 監査委員②

★★

　地方自治法に規定する普通地方公共団体の執行機関である監査委員に関する記述として，妥当なのはどれか。

1　普通地方公共団体の監査委員は，必要があると認めるときは，当該普通地方公共団体の自治事務にあっては，政令で定めるものを除きその執行について監査をすることができるが，法定受託事務にあっては，その執行について監査することができない。

2　普通地方公共団体の監査委員は，当該普通地方公共団体の長に対し，監査の結果に関する報告を提出する場合において，その組織及び運営の合理化に資するための意見を提出することはできない。

3　監査委員は，各委員が権限を行使する独任制の行政機関であるため，監査の結果に関する報告の決定は，合議による必要がない。

4　監査委員は，監査のために必要があると認めるときは，関係人の出頭を求め，又は関係人に対し帳簿，書類その他の記録の提出を求めることができるが，関係人がこの求めに応じないときは，これを強制することができる。

5　普通地方公共団体の長は，当該普通地方公共団体の監査委員から監査の結果に関する報告の提出を受け，当該監査の結果に基づき措置を講じたときは，その旨を監査委員に通知するものとし，監査委員は，当該通知に係る事項を公表しなければならない。

| 正解チェック欄 | 1回目 | 2回目 | 3回目 | Ⓐ |

監査委員による監査は，監査委員の判断による**一般監査**と長・議会等の請求による**特別監査**に分かれる。

一般監査は，財務事務や経営に係る事業の管理を対象とする**財務監査**（法199条1項）と財務に限らず事務執行全般を対象とする**行政監査**（同条2項）に分かれる。

	内　容	時　期
財務監査法199①	財務に関する事務の執行経営に係る事業の管理	定期監査（毎年度1回以上）随時監査（必要に応じ）
行政監査法199②	普通地方公共団体の事務全般の執行（一定の事務を除く）	随時監査（必要に応じ）

1 　誤り。法定受託事務も，政令で定める事務を除き監査することができる（法199条2項）。［Q31検査権］の解説の下の表を参照。

2 　誤り。組織及び運営の合理化に資するための意見を提出することができる。なお，この場合において，監査委員は，当該意見の内容を公表しなければならない（法199条10項）。

3 　誤り。監査委員は独任制であるが，監査の結果に対する報告の決定又は意見の決定は，監査委員の合議による（法199条12項）。

4 　誤り。前段は正しい（法199条8項）。しかし，100条調査権とは違い強制することはできない。

5 　正しい（法199条14項）。

| 正解　5 |

Q 66 選挙管理委員会

★

　地方自治法に規定する普通地方公共団体の選挙管理委員会に関する記述として，妥当なのはどれか。

1　選挙管理委員会は，4人の選挙管理委員を以ってこれを組織し，当該委員の中の2人までは同時に同一の政党その他の政治団体に属する者となることができる。

2　選挙管理委員会の処分又は裁決に係る普通地方公共団体を被告とする訴訟については，当該普通地方公共団体の長が当該普通地方公共団体を代表するものとする。

3　普通地方公共団体の長は，選挙管理委員が心身の故障のため職務の遂行に堪えないと認めるときは，これを罷免することができるが，この場合においては，議会の常任委員会又は特別委員会において公聴会を開かなければならない。

4　選挙管理委員は，自己の従事する業務に直接の利害関係のある事件については，その議事に参与することができないが，選挙管理委員会の同意を得たときは，会議に出席し，発言することができる。

5　選挙管理委員中に欠員があるときは選挙管理委員会の委員長が補充員の中から補欠するが，補欠委員の任期は，選挙管理委員会の委員長によって補欠された日から4年とする。

| 正解チェック欄 | 1回目 | | 2回目 | | 3回目 | | Ⓐ |

　選挙管理委員は，選挙権を持つ者で，人格高潔，政治・選挙に関し公正な識見を有するものから**4人**（同数の**補充員**も），**議会における選挙**で選任する（法181条2項，182条1項，2項）。2人が同一の政党等に属することはできない（法182条5項）。任期は4年（法183条）で，非常勤である（法180条の5・5項）。

　委員長は，委員の中から，選挙され，委員会の事務を処理し，委員会を代表する（法187条）。また，委員会を招集する（法188条）。

　会議の**定足数**は，3人以上の委員。定足数に達しないときは，委員長は，補充員を充てる必要がある（法189条）。

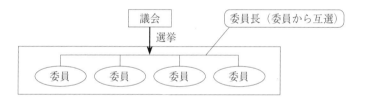

1　誤り。選挙管理委員会は，4人の選挙管理委員により組織する（法181条2項）。しかし，当該委員の中の2人が同時に同一の政党その他の政治団体に属することはできない（法182条5項）。

2　誤り。選挙管理委員会の処分又は裁決に係る普通地方公共団体を被告とする訴訟については，選挙管理委員会が当該普通地方公共団体を代表する（法192条）。

3　誤り。普通地方公共団体の議会は，選挙管理委員が心身の故障のため職務の遂行に堪えないと認めるときは，議決によりこれを罷免することができる（法184条の2）。

4　正しい（法189条2項）。

5　誤り。補欠委員の任期は，前任者の残任期間とする（法183条2項）。

正解　**4**

Q 67 給与その他の給付

★

　地方自治法に規定する普通地方公共団体の給与その他の給付に関する記述として，妥当なのはどれか。

1　普通地方公共団体は，条例で，その議会の議員に対し，議員報酬を支給することはできるが，期末手当を支給することはできない。

2　普通地方公共団体は，その非常勤の監査委員に対して給与を支給しなければならず，当該委員は，職務を行うため要する費用の弁償を受けることができる。

3　普通地方公共団体は，条例で，その選挙管理委員会の委員に対し，退職手当を支給しなければならない。

4　普通地方公共団体の長の補助機関たる常勤職員の給料，手当及び旅費の額並びにその支給方法は，条例でこれを定めなければならない。

5　市町村長がした給与その他の給付に関する処分に不服がある者は，都道府県知事に審査請求をすることができる。

| 正解チェック欄 | 1回目 | 2回目 | 3回目 | |

次の表中，非常勤職員（ア・イ）に報酬，常勤職員（ウ）に給与を支給する。

対　象	報酬と給与の別	その他費用弁償
ア　**議員** （法203）	**議員報酬** 期末手当（条例で支給可能）	費用弁償 （交通費等）
イ　行政委員会の委員等 **非常勤職員**（短時間勤務職員，フルタイム会計年度任用職員を除く） （法203の2）	**報酬**（勤務日数に応じて支給。条例でそれ以外に変更可能）	費用弁償 （交通費等）
ウ　**常勤職員**，短時間勤務職員，フルタイム会計年度任用職員（法204）	**給与**（給料，諸手当） 手当には，期末手当や退職手当も含む	旅費

※　パートタイム会計年度任用職員には，条例で期末手当又は勤勉手当の支給が可能（法203条の2・4項）。勤勉手当支給は令6.4.1施行。

1　誤り。議会の議員に対しては，議員報酬を支給する必要がある（法203条1項）。条例で，期末手当を支給できる（同条3項）。

2　誤り。非常勤の監査委員には，報酬を支給しなければならない（法203条の2①）。後段は正しい（同条3項）。

3　誤り。行政委員会の委員に対する退職手当については，法に規定がないので，支給することはできない（法204条の2）。

4　正しい（法204条）。

5　誤り。給与その他の給付に関する処分についての審査請求は，法律に特別な定めがある場合を除くほか，当該普通地方公共団体の長に対して行う（法206条1項）。

正解　4

Q 68　一般会計予算と地方公営企業予算の特色

★

　一般会計予算と地方公営企業予算の特色を比較した記述として，妥当なのは次のどれか。

1　一般会計予算の調製，議案提出は長の権限であるが，地方公営企業予算の調製は，地方公営企業の管理者の権限である。

2　一般会計予算を議会に提出するときは，長は政令で定める予算に関する説明書をあわせて提出しなければならないが，地方公営企業予算に関する説明書は義務づけられていない。

3　一般会計予算では，支出規制が弱く予算超過の支出をすることができるが，地方公営企業予算では支出規制に重点が置かれ予算に強く拘束される。

4　一般会計予算は，消費会計であることから現金収支を基準とする現金主義によっているが，地方公営企業予算は債権及び債務の発生の事実を基準とする発生主義によっている。

5　地方公共団体予算，地方公営企業予算とも一般会計と特別会計を設けることができる。

正解チェック欄 | 1回目 | 2回目 | 3回目 | Ⓐ

1 　誤り。予算の調製権は長の専権に属する（法149条2号）。前段はそのとおりである（法211条1項，149条1号）が，後段について管理者が作成した予算案を基礎に長がその権限で当該地方公営企業の予算を調製する（地公企法24条2項）。

2 　誤り。一般会計予算も地方公営企業予算も，政令で定める予算に関する説明書をあわせて提出しなければならない（法211条2項，地公企法25条）。

3 　誤り。一般会計における歳入歳出予算のうち歳出予算は行政の活動を規律する法規であると解されており，予算の執行にあたっては長を拘束する（法216条，220条）。地方公営企業予算は，支出規制が弱く，業務量の増加によって増加する収入に相当する金額を直接必要な経費に支出できる（地公企法24条3項）。

4 　正しい。現金主義とは現金の収支を基準とした経理方式であり，地方公共団体の現行の会計方式である（法233条，令166条）。地方公営企業では事業体としての経営の成績を明らかにするため私企業同様，**発生主義**（現金収入に限らず，財産等の増減及び異動を発生予定に基づいて経理する原則）がとられている（地公企法20条）。

5 　誤り。地方公共団体は一般会計と**特別会計**（特定の歳入を特定の歳出に充てる事業のように，事業の性質によっては，一般会計と分離して経理した方が適当なものがあるので，条例で設置（法209条2項））を設置することができる（法209条）が，地方公営企業では地方公営企業法2条1項に掲げる事業ごとに特別会計を設けて行うものとする旨規定されている（地公企法17条）。

正解　4

Q 69 予算の原則

★★

地方自治法に規定する普通地方公共団体の予算原則に関する次の記述として，妥当なのはどれか。

1 普通地方公共団体は，一会計年度の一切の収入支出を歳入歳出予算に編入することとする総計予算主義を採っているが，一時借入金の収入や歳計剰余金を基金に編入する場合の収支もこの原則の例外ではない。

2 普通地方公共団体は予算単一主義を採っているが，法は例外として特別会計を設けることのみを認めている。

3 会計年度独立の原則の例外として，事故繰越，繰越明許費のみが認められている。

4 本予算は，年度開始前に議会の議決を経なければならないが，暫定予算は，本予算が年度の開始前に成立しない場合のつなぎ予算として調製するものであり，議会の議決を経る必要はない。

5 法は住民に対し予算要領を公表することを普通地方公共団体に義務付けている。これを予算公開の原則という。

| 正解チェック欄 | 1回目 | 2回目 | 3回目 | Ⓐ |

1　誤り。前段の**総計予算主義**の説明については正しい（法210条）。この原則は，予算執行の上から責任を明確にし，予算の全ぼうを明確化することのできる方法として歳入と歳出を混交しないものである。ただし，後段の一時借入金の収入や歳計剰余金を基金に編入する場合の収支（法233条の2）等は例外とされている。

2　誤り。**予算単一主義の原則**は，財政全体の通観を容易にすることと財政の膨張の防止を目的とする。ただし，例外として特別会計と補正予算がある。

3　誤り。**会計年度独立の原則**とは，各会計年度における歳出はその年度の歳入をもってあてなければならないとするものである（法208条）。ただし，厳格に適用すると実際の財政運営に適合しない場合があることから，次のような例外が認められている。

　①継続費の逓次繰越し（令145条1項），②繰越明許費（法213条，215条），③事故繰越し（法220条3項，令150条），④過年度収入（法243条の5，令160条），⑤過年度支出（法243条の5，令165条の8），⑥前年度剰余金の繰入れ（法233条の2），⑦翌年度歳入の繰上充用（令166条の2）。

4　誤り。本予算は，年度開始前に議会の議決を経なければならない（法211条1項）。暫定予算は，本予算が成立していない場合に本予算が成立するまでの一定期間のために作成される予算であるが，議会の議決を経る必要がある（法218条2項，3項）。

5　正しい。**予算公開の原則**は，予算が成立したときは長がその要領を住民に公表することを義務付けている（法219条2項）。なお，財政状況の公表を年2回以上住民に行う旨の規定がある（法243条の3・1項）。

正解　5

Q 70 予算制定手続

★★

地方自治法に規定する普通地方公共団体の予算制定手続に関する次の記述として，妥当なのはどれか。

1 予算を議会に提出するのは長の権限であるが，議会の議員も提出できる場合がある。

2 議会は，予算を増額修正することはできないが，減額修正については制限がないので自由にできる。

3 予算は出納整理期間までこれを補正することができる。

4 予算に計上された金額が不足したためなされる支出などにあてるため，予備費の計上が義務付けられているが，議会の否決した費途にもあてることができる。

5 長は，条例その他議会の議決を要すべき案件が新たに予算を伴うものであるときは，関係予算案が議会に提出されるまでは，議会に提出してはならない。

正解チェック欄	1回目		2回目		3回目		**A**

1　誤り。予算を調製して議会へ提出するのは，長の専属的権限
　に属する（法149条1号，2号，211条1項）。予算は行政計画の
　財政的表現であるという性格から長が行うものとの考えによる。
　議員には予算提出権がない（法112条1項但書）。

2　誤り。議会は長の予算提出権限を侵すことのない範囲内であ
　れば，増額修正することができる（法97条2項）。後段は正しい
　（177条）。

3　誤り。会計年度経過後においては，予算を補正することがで
　きない（令148条）。

4　誤り。一般会計では，予備費の計上が義務付けられている（法
　217条1項）が，議会が否決した費途にあてることはできない
　（法217条2項）。これは議会の議決を尊重する趣旨と財政を議会
　の統制に服させる機能を果たしている。

5　正しい（法222条）。財政の計画的で健全な運営を確保するた
　め長に対して規制を加える規定である。しかし，本条に違反し
　てなされたものでも効力に影響はないものと解されている。

正解　5

Q 71 債務負担行為

★★★

地方自治法に規定する債務負担行為に関する記述として，妥当なのはどれか。

1 債務保証は信用補完行為であり，金銭の給付を伴うものではないから債務負担行為の対象にならない。

2 債務負担行為に係る経費の支出は，改めて当該年度の歳入歳出予算に計上して行わなければならない。

3 債務負担行為は，長期にわたる財政負担を伴う性格を有するため，予算外義務負担として予算から独立して議会の議決を要する。

4 普通地方公共団体の長は，翌年度以降継続的に公衆電気通信の役務提供を受ける契約又は不動産を借りる契約を締結する場合，あらかじめ債務負担行為として議会の議決を経る必要がある。

5 普通地方公共団体の長は，翌年度以降継続的に一般会計から特別会計又は基金に対して繰出金を支出する場合，あらかじめ債務負担行為として議会の議決を経る必要がある。

正解チェック欄	1回目		2回目		3回目		**A**

1 　誤り。債務保証は信用を補完するものであるが，債務を負担する行為であることから，予算の内容をなすものである。**債務負担行為**として予算に定めておかなければならない（法214条）。

2 　正しい。債務負担行為として予算で定めた案件については義務費として歳入歳出予算に計上される（法210条）。

3 　誤り。債務負担行為は予算の一部として定め議会で審議されるもので，独立して行われるものではない（法215条４号）。

4 　誤り。長期継続契約の説明である（法234条の３，令167条の17）。

　　電気の供給や電話などの役務の提供を受ける契約や不動産を借りる契約など，翌年度以降にわたり契約を締結しなければ事務の取扱いに支障を及ぼすもののうち条例で定めるものは，議会の議決を経ないで各年度におけるこれらの経費の予算の範囲内で給付を受けなければならない。

5 　誤り。本肢の場合，会計相互間における出し入れであるから，歳入歳出予算に計上することになり，債務負担行為としての定めは必要でない。

正解　2

債務負担行為

　歳出予算の金額，継続費の総額又は繰越明許費の金額の範囲内におけるものを除き，地方公共団体が債務を負担する行為をいい（法214条），数年度にわたる小中学校校舎・体育館改築事業や資金融資に伴う金融機関への損失補償等がある。

Q. 72 予備費

★★

地方自治法に規定する予備費に関する記述として，妥当なのはどれか。

1 予備費は一般会計及び特別会計にその計上が義務付けられている。

2 予備費は議会が閉会中で補正予算の審議ができない場合に限り，その支出が認められる。

3 予備費はその支出にあたって議会の議決を必要としないが，議会が否決した費途に充てることはできない。

4 予備費は議会が予算を修正して削除した経費に充てることができる。

5 予備費はその支出について事後に議会の承諾を得ることが必要であり，承諾を得られなかった場合には，その支出は無効となる。

| 正解チェック欄 | 1回目 | 2回目 | 3回目 | Ⓐ |

　予備費とは予算外の支出又は予算超過の支出に充てるため歳入歳出予算に計上される科目又はその金額をいう（法217条1項）。予見しがたい経費支出のために認められる。

　1　誤り。一般会計においては必ず予備費を設けなければならないとされているが，特別会計には設けないことができる（法217条1項）。

　2　誤り。予備費は予算の議決後，執行機関にその使用を委ねている**目的外予算**であるから，その支出は長の任意である。

　3　正しい（法217条2項）。議会が否決した費途に予備費が充てられるとすると，議会の有する予算の修正権は有名無実となるに等しいことになるからである。

　4　誤り。議会が予算修正削除した経費に充てることは，議会の予算議決権の尊重の趣旨から認められない。

　5　誤り。国の予備費の支出については憲法87条2項と財政法36条3項により内閣は事後に国会の承諾を得なければならないとされているが，国会の承諾が得られなかったとしても既に支出されたものには何ら影響はないものとされている。なお，地方自治法にはそのような規定がない。

正解　3

目的外予算

　予備費については，はじめから一定の目的が定められず，執行の段階において一定の目的が発生し，その目的に充当することによって，はじめて目的予算となるところから，便宜上，目的外予算といわれている。

Q 73 分担金の徴収

★★

地方自治法に規定する分担金の徴収に関する記述として，妥当なのはどれか。

1　分担金の徴収方法は，条例によって定めなければならず，その条例の制定改廃には住民投票を実施しなければならない。

2　分担金の徴収額につき受益の限度額を定めるにあたっては，特定の事業に要した費用の総額をそのまま受益の限度額とすることができる。

3　分担金は，特定の事件に関し特に利益を受ける者から徴収されるものであり，その金額は受益の範囲を超えることができる。

4　普通地方公共団体の長は，分担金の徴収に関する処分についての審査請求を受けた場合には，当該審査請求が不適法で却下するときを除き，議会に諮問しなければならない。

5　分担金は，特定の事件に関して普通地方公共団体が地方税について不均一課税をした場合にも，その事件に関して徴収することができる。

正解チェック欄	1回目	2回目	3回目	

　分担金とは，例えば簡易水道事業の費用に充てるため，その事業によって特に利益を受ける者から受益の限度において徴収するなど，普通地方公共団体が行う特定の事件に要する経費に充てるため，その事件により特に利益を受ける者に課する公法上の金銭給付義務であり利益の限度を分担の限界とする。

1　誤り。前段は正しい。条例の制定又は改廃に関しては住民は長に対して直接請求権を有している（法12条1項）が，住民投票によって決めるものではない。なお分担金の徴収に係る条例の制定改廃は直接請求の対象ともなっていない（法74条1項）。

2　誤り。受益の限度については，財源の調達と住民相互間の負担の公平という観点から具体的に限度額を定めることが必要とされている（法224条参照）。本肢のように特定の事業に要した費用の総額をそのまま受益の限度とすることはできない（行実昭27.12.26）。

3　誤り。分担金は受益の限度において徴収できるもので受益の範囲を超えて徴収することはできない（法224条）。

4　正しい（法229条2項，3項）。地方公共団体の事務処理の効率化や審査請求を行う住民等の早期の権利確定に資することから設けられた。

5　誤り。地方税法7条による**不均一課税**をした場合には分担金を徴収できない（令153条）。

正解　4

不 均 一 課 税

　公益上，その他の事由により，必要がある場合又は地方公共団体の一部に対して特に利益がある事件に関して課税する場合には，地方税法6条及び7条により条例の定めるところによって認められる。例として，市町村の合併に伴い全区域にわたって均一課税をすることが著しく衡平を欠くと認められるような場合に行われる。

Q 74 使用料・手数料

★★

地方自治法に規定する使用料・手数料に関する記述として，妥当なのはどれか。

1 普通地方公共団体が徴収する使用料・手数料は，徴収方法などについて条例で定めなくてもよい場合がある。

2 使用料は，役務の提供に対する反対給付として徴収されるもので，一方，手数料は利用の反対給付として徴収される。

3 普通地方公共団体は，公の施設の利用の対価，行政財産の使用の対価として使用料を徴収できるが，普通財産を貸し付けた場合も使用料を徴収することができる。

4 普通地方公共団体は使用料又は手数料の徴収については，条例によっても証紙による収入の方法を定めることはできない。

5 普通地方公共団体は特定の者に提供する役務に対し，その費用を償うため手数料を徴収することができる。

| 正解チェック欄 | 1回目 | | 2回目 | | 3回目 | | | Ⓐ |

　使用料とは，例えば市民センター使用料など公の施設の利用又は庁舎内の売店等，行政財産の目的外使用につきその反対給付として徴収するものをいう。手数料とは，例えば印鑑証明や住民票・戸籍証明の発行手数料など特定の者に提供する役務に対し，その費用を償うため又は報償として徴収する金銭をいう。

1　誤り。使用料・手数料に関する事項は条例で定めなければならない（法228条1項）。手数料の徴収については**標準事務**（全国的に統一して定めることが特に必要と認められるものとして政令で定める事務）について手数料を徴収する場合，政令で定める金額の手数料を徴収することを標準として条例を定めなければならない。

2　誤り。使用料と手数料の説明が逆になっている（法225条，227条）。

3　誤り。使用料を徴収することができるのは，用途又は目的を妨げない限度で使用が許可された行政財産の使用と公の施設の利用の場合に限られる（法225条，238条の4・7項）。

4　誤り。歳入の収入行為としての収納につき現金が原則であるが，条例の定めるところにより，証紙による特例も認められている（法231条の2・1項）。

5　正しい。普通地方公共団体は，当該普通地方公共団体の事務で特定の者のためにするものにつき手数料を徴収できる（法227条）。

正解　5

Q 75 収 入

★★

　地方自治法に規定する収入に関する記述として，妥当なのはどれか。

1　長は，普通地方公共団体の歳入を収入しようとするときは，事前に権利内容を調査して内部的意思決定を行うことから，歳入金の収納の後に調定を行うことはない。

2　普通地方公共団体の長は，国から交付される地方交付税，地方譲与税については，調定を省略することができる。

3　普通地方公共団体のすべての歳入は，口座振替の方法により又は証券をもって納付することができる。

4　普通地方公共団体の収入については原則として，その徴収の権限を私人に委任することはできないが，法令で掲げる収入について普通地方公共団体の長の判断で指定公金事務取扱者への委託ができる。

5　分担金，使用料，加入金，手数料などの普通地方公共団体の歳入を納期限までに納付しない者があるとき，長は督促しなければならないが，督促しなくても延滞金を徴収することはできる。

| | 正解チェック欄 | 1回目 | 2回目 | 3回目 | **A** |

　税，財産収入，分担金，使用料，手数料，事業収入，国庫支出金，他の地方公共団体支出金，補助金，負担金，委託金，寄附金，その他過料，過怠金等がある。

1　誤り。普通地方公共団体の歳入を収入しようとするときは，政令の定めるところにより**調定**し（法231条），納入を通知し収納する順序であるが，例外として証紙の売りさばき代金等，収納の後に調定行為がなされることがある。

2　誤り。地方交付税，地方譲与税，補助金，地方債等の歳入を国から収入するときは納入の通知を必要としない（令154条2項）が，調定を省略することはできない（法231条）。

3　誤り。普通地方公共団体の歳入は法235条の規定により金融機関が指定されている場合は政令の定めるところにより，口座振替の方法又は証券をもって納付することができる（法231条の2・3項）。

4　正しい。指定公金事務取扱者制度が創設された。又，収納代行会社からコンビニ各社への再委託など受託者の事務の適正化を確保するルールが整備された（法243条，243条の2，令158条，令6.4.1施行）。

5　誤り。督促した場合においては延滞金を徴収できるとされている（法231条の3・1項，2項）。

正解　4

調　　定

　歳入の調定とは，地方公共団体の歳入を徴収しようとする場合において，長がその歳入の内容を調査して収入金額を決定する行為（地方公共団体の内部意思決定行為）をいう。

Q 76 支 出

★★

地方自治法に規定する普通地方公共団体の支出に関する記述として，妥当なのはどれか。

1 支出命令は，契約その他の支出負担行為の履行の確認があった後に行われるから，支出負担行為が3月31日までに行われていれば出納整理期間中も支出命令を発することができる。

2 会計管理者は，長の支出命令が法令又は予算に違反しているか否かの確認がなしえない場合は，支出を拒否することはできない。

3 支出負担行為につき予算の裏付けがないという瑕疵は，その後に予算の議決ないしは補正予算が成立しても瑕疵は治癒されない。

4 普通地方公共団体は，支出の期限が到来し金額が確定している債務について，債権者の委任を受けた者に対しては支出することはできない。

5 金融機関を指定した普通地方公共団体の支出方法は現金払いが原則である。

正解チェック欄	1回目		2回目		3回目		

1   正しい。**支出負担行為**の履行の確認によって支出命令が行われるから年度内に支出負担行為が行われていれば，支出命令は出納整理期間中も発することができる（昭38.12.19通知）。

2   誤り。会計管理者は確認がなしえない場合には，支出を拒否しなければならない（法232条の4・2項）。

3   誤り。既になされた支出負担行為を明確に追認する意図でもって同一会計年度内に予算ないしは補正予算が成立した場合には，支出負担行為につき生じていた瑕疵は，治癒されたものと解されるとする行政実例がある（行実昭41.6.14）。

4   誤り。「債権者のため」というのは債権者から正当な委任を受けた者も含まれる趣旨である（法232条の5・1項）。

5   誤り。金融機関を指定した普通地方公共団体の支出方法は原則として**指定金融機関**を支払人とする小切手の振出し又は公金振替書の交付により行うものとされている（法232条の6・1項）。

正解　1

支出負担行為
地方公共団体の支出の原因となるべき契約その他の行為をいう（歳入の調定に相当する）（法232条の3）。
指定金融機関
地方公共団体の議会の議決を経て金融機関のうちから一を指定し，当該地方公共団体の公金の収納及び支払いを取り扱わせるものをいう（法235条，令168条1項）。
指定代理金融機関
地方公共団体の長が指定する金融機関で指定金融機関の取り扱う収納及び支払いの両方の事務の一部を代理して取り扱うものをいう（令168条3項，6項）。

Q 77 支出方法

★★

　地方自治法に規定する普通地方公共団体の支出方法の特例に関する記述として，妥当なのはどれか。

1　資金前渡は，金額の確定した債務について，相手方の義務履行前又は給付すべき時期の到来前に現金で支払うことをいう。

2　資金前渡は，特定の経費について，概括的に資金の交付を受けた職員が自己の名と責任において正当債権者に対し現金で支払うことをいう。

3　前金払は，債務は発生しているが，債務金額が未確定なものについて事前に概算額を正当債権者に対し小切手で支払うことをいう。

4　概算払は，債務金額と債権者が未確定である場合に概算額を支出できる。

5　繰替払は，債権者から口座への振替を希望する旨の申し出があった場合，指定金融機関が資金の交付を受けて口座振替により支払うことをいう。

| 正解チェック欄 | 1回目 | | 2回目 | | 3回目 | | |

普通地方公共団体の支出は債権者のために行われるものであることから，債権者の便宜等を考慮して別に支払方法を定めている（法232条の5）。

1　誤り。**資金前渡**とは，債権金額が確定し債権者が未確定である場合，若しくは債権金額及び債権者ともに未確定である場合において，当該団体の職員をして現金支払いをさせるため資金を交付して職員に支払いをさせることである。本肢は金額の確定した債務だけでなく金額が未確定の場合でも現金により支払いを行う必要のある場合に資金前渡できるのでその部分が誤り（令161条）。

2　正しい。資金前渡を受けた者は支出負担行為から支払いの権限まであわせ有することができる（令161条）。

3　誤り。**前金払**とは，金額の確定した債務に対して支払うべき事実の確定又は時期の到来以前においてその債務金額を支払うことをいう。本肢では「債務金額が未確定なもの」と「小切手で支払う」部分が誤り（令163条）。

4　誤り。**概算払**とは，債権者は確定しているが，債務金額が未確定な場合にあらかじめ一定額を債権者に交付し，後日確定額を精算するもの。本肢では「債権者が未確定である場合」が誤り（令162条）。

5　誤り。本肢は，繰替払（令164条）ではなく，口座振替の方法の説明である（令165条の2）。

正解　2

資金前渡・前金払・概算払以外の支出の例外

① **繰替払**——収納に係る現金を一時繰り替えて支出する方法（令164条）。

② **隔地払**——隔地債権者に対し送金によって支出する方法（令165条）。

Q 78 決 算

★★

　地方自治法に規定する決算に関する記述として，妥当なの
はどれか。

　1　会計管理者は，毎会計年度決算を調製し，会計年度終
　　了後6カ月以内に議会の認定に付さなければならない。

　2　会計管理者は，毎会計年度決算を調製し，監査委員の
　　審査に付した後3カ月以内に，普通地方公共団体の長に
　　提出しなければならない。

　3　普通地方公共団体の長は，決算を監査委員の審査に付
　　した後，次の通常予算を議する会議までに議会の認定に
　　付さなければならない。

　4　普通地方公共団体の長は，決算の認定に関する議案が
　　否決された場合，当該議決を踏まえて必要と認める措置
　　を講じたときは，議会への報告をすみやかに行わなけれ
　　ばならないが，公表は義務づけられていない。

　5　普通地方公共団体の長は，決算を監査委員の意見を付
　　けて総務大臣に報告し，かつその要領を住民に公表しな
　　ければならない。

| 正解チェック欄 | 1回目 | 2回目 | 3回目 | Ⓐ |

　決算とは，一会計年度の歳入歳出予算の執行の結果実績を表示した計算表をいう。会計管理者は出納閉鎖後3カ月以内（8月31日）までに決算書を作成して長に提出し，長は監査委員の審査に付して監査委員の意見を付けて次の通常予算を議する会議までに議会の認定に付さなければならない。

　1　誤り。会計管理者は毎会計年度，出納閉鎖後3カ月以内に決算を調製して普通地方公共団体の長に提出しなければならない（法233条1項）。

　2　誤り。監査委員の審査に付すのは普通地方公共団体の長である（法233条2項）。

　3　正しい（法233条3項）。次の通常予算を議する会議は当該決算を調製した次回の通常予算を審議する議会を指すものとされている。

　4　誤り（法233条7項）。

　　すみやかに議会に報告するとともに，これを公表しなければならない。決算不認定の場合における長から議会等への報告規定が整備された。普通地方公共団体の長の説明責任を明確に果たすよう求めたものである（平30.4.1施行）。

　5　誤り。普通地方公共団体の長は監査委員の意見を付けて議会の認定に付し，議会の議決と監査委員の意見とあわせてその要領を住民に公表しなければならない（法233条6項）。平成23年の法改正により，それまで自治法に明文化されていた都道府県の総務大臣，市町村の都道府県知事への報告は，地方分権改革推進計画に基づく義務付けの廃止に伴って撤廃された。

正解　3

Q 79 契約の締結①

★★★

地方自治法に規定する普通地方公共団体の契約締結の方法
及び手続きに関する記述として，妥当なのはどれか。

1 指名競争入札は，一般競争入札に付し入札者がないと
き又は再度の入札に付し落札者がないときにできる。

2 落札者が契約を締結しないときは，必ず指名競争入札
にかけなければならない。

3 不正行為のあった者に対しては，永久に一般競争入札
に参加させないものとする。

4 入札保証金は，落札者に対しては一定の日以降に，利
子を付して還付することとされている。

5 工事又は製造の請負契約については，常識で考えられ
ないような低価格の落札を防止するため最低制限価格制
度が認められている。

	1回目	2回目	3回目	
正解チェック欄				

　地方公共団体の調達については，法で競争性，透明性，経済性等に優れた一般競争入札を原則としているが，一定の場合には，指名競争入札，随意契約等の方法により契約を締結できる。

1　誤り。本肢は**随意契約**（令167条の2・1項8号）の説明である。**指名競争入札**は一般競争入札に適さない，付する必要がないときなどの政令で定める場合に該当するときに限って行うことができる（法234条2項，令167条）。

2　誤り。随意契約によることができる（令167条の2・1項9号）。

3　誤り。不正行為のあった者は，事実があった後3年間**一般競争入札**に参加させないことができる（令167条の4・2項）。

4　誤り。落札者の入札保証金については，契約保証金の一部又は全部に充当することを規則で規定することはさしつかえないとする通知がある（昭38.12.19通知）。

5　正しい（法234条3項）。最低制限価格制度とは，入札の原則である最低価格制度の例外を定めたものであって，工事又は製造の請負契約について常識で考えられないような低価格の落札を防止するため，予定価格の制限の範囲内で落札価格の最低制度とされる価格を定める制度をいう。

正解　5

契約の方法

① **一般競争入札**——不特定多数人に競争させ，契約の主体に最も有利な条件を提供する者との間に締結する契約方法（令167条の4～167条の10の2）。

② **指名競争入札**——資力，信用その他適当であると認める複数の相手方を選択して競争入札させ，契約の主体に最も有利な条件を提供する者との間に締結する契約方法（令167条）。

③ **随意契約**——競争入札の方法によらないで任意に特定の相手方を選択して締結する契約方法（令167条の2）。

④ **せり売り**——口頭で価格競争をするもの（令167条の3）。

Q 80 契約の締結②

★★

　地方自治法に規定する契約に関する記述として，妥当なのはどれか。

1　普通地方公共団体は政令の定める基準に従い，条例が定める契約を締結する場合，議会の議決がなくても長が締結した契約は有効である。

2　普通地方公共団体の長はその権限に属する事務に関する契約の締結権を有しているが，契約事務をその補助機関である職員に委任し又は臨時に代理させることはできない。

3　普通地方公共団体が競争入札につき入札保証金を納付させた場合には，落札者が契約を締結しないときは，その者の納付に係る入札保証金は当該普通地方公共団体に帰属する。

4　普通地方公共団体の契約締結が確定するのは，落札者の決定時であるから，長等と相手方による契約書の記名押印は証拠手段である。

5　地方自治法は，工事等の請負契約及び物件買い入れ契約等の履行について，契約締結後の監督及び検査を普通地方公共団体の職員に義務付けているから職員以外の者に委託することは常にできない。

| 正解チェック欄 | 1回目 | | 2回目 | | 3回目 | | Ⓐ |

1 誤り。契約の締結権は原則として長に属するが，法は重要な契約については条例で指定し，個々の契約ごとに議会の議決を経ることを義務付けており，議決がないと有効な契約とならないとしている（法96条1項5号）。

2 誤り。普通地方公共団体の長は，その権限に属する事務の一部をその補助機関である職員に委任し，又は臨時に代理させることができる（法153条1項）。

3 正しい（法234条4項）。落札者の契約締結を確保するために入札参加者全員にあらかじめ納付させるもので，落札しなかった者及び契約を締結した落札者には返還されるが，契約を締結しない落札者には返還されず当該普通地方公共団体に帰属する。

4 誤り。相手方との間に契約書を作成する場合，契約締結が確定するのは落札者の決定時ではなく，長等と相手方による記名押印があったときである。なお電磁的記録により契約を行う場合は総務省令で定めるものを講じなければ当該契約は確定しないものとする（法234条5項）。民法では，契約自由の原則から当事者間で申込みと承諾が合致すれば契約は成立し，契約書の作成は成立要件ではない（民法522条等）。

5 誤り。地方自治法は監督や検査を行うべき者を「職員」としているが，自治法施行令は監督や検査を特に専門的な知識や技能を必要とするときなどには，職員以外の者に委託することを認めている（法234条の2，令167条の15・4項）。

正解 3

Q. 81 指定金融機関

★

　地方自治法に規定する預金，有価証券の保管及び指定金融機関に関する記述として，妥当なのはどれか。

1　都道府県，市町村とも政令の定めるところにより議会の議決を得て金融機関を指定して，公金の収納又は支払いの事務を取り扱わせなければならない。

2　普通地方公共団体の所有に属しない歳入歳出外現金や有価証券を保管することは一切禁止されている。

3　会計管理者は当該団体の指定金融機関について定期及び臨時に公金の収納又は支払いの事務及び公金の預金状況を検査しなければならない。

4　監査委員は，議会の要求があるときは，当該指定金融機関が取り扱う当該普通地方公共団体の公金の収納又は支払いの事務について監査し議会に報告する。

5　歳計現金を最も確実かつ有利な方法で保管するためには，現金を債券や不動産に変えて保管することも許される。

| 正解チェック欄 | 1回目 | 2回目 | 3回目 | Ⓐ |

1 誤り。都道府県は金融機関を指定する義務があるが，市町村は金融機関の指定は任意である（法235条）。

2 誤り。会計管理者は**歳計現金**について指定金融機関その他の確実な金融機関への預金その他の最も確実かつ有利な方法で保管しなければならない（令168条の6）。

3 正しい。会計管理者は定期及び臨時に検査する義務がある（令168条の4・1項）。

4 誤り。当該普通地方公共団体の議会は監査委員に監査を要求することはできないが，監査の結果の報告を受けることになっている。なお，長は監査の要求ができる（法235条の2・2項，3項）。

5 誤り。現金を債券や不動産に変えて保管することも有利な方法と言えないこともないが，いつでも支払いの資金需要に応じなければならないこと，財産的価値を危うくするような方法は好ましくないことから許されないと解されている。

正解 3

歳計現金（法235条の4・1項）

地方公共団体の歳入歳出に属する現金で，通常は予算の執行過程において歳入金が歳出金より多い場合，その差額の保管金を包括的に歳計現金と称している。

Q | 82 地方債

★★

地方自治法に規定する地方債に関する記述として，妥当なのはどれか。

1 地方公共団体の歳出は原則として地方債以外の歳入をもって財源としなければならず，起債する場合は，予算の内容の一つとして定めるのではなく，単独で議会の議決を経なければならない。

2 地方債を財源にできる地方公共団体の事業は，地方財政法に列挙されており，例として地方債の借換えのために要する経費の財源とする場合があげられるが，他の法律によっても特例的に起債することが認められている。

3 地方債は，その対象事業によって普通会計債と公営企業債の2種類に，また，地方債の引受先の資金によって公庫資金債と民間等資金債の2種類に区分される。

4 地方分権一括法によって起債に対する許可制度が廃止され，事前協議制に移行したが，この協議には総務大臣又は都道府県知事の同意が必要とされ，同意がない場合，起債することができない。

5 歳入欠陥を生じ，財政再生団体となった地方公共団体は，収支不足額の財源に充てるために地方債を起こすことができない。

正解チェック欄	1回目	2回目	3回目	**A**

地方債（法230条）と一時借入金（法235条の3）

地方債	年度を超えて負う借金	適債事業に応じて予算で定める	総務大臣又は都道府県知事への協議（平成18年度から）※1
一時借入金	年度内の借金	資金不足を生じた時の救済手段として予算で定める	予算の範囲内で長の決定※2

※1　地方財政法5条の3　　※2　地方自治法235条の3

1　誤り。前段は正しい（地方財政法5条）。地方自治法では，予算の定めるところにより地方債を起こすことができるとされている（法230条1項）ので，後段は誤り。

2　正しい。地方債を財源にすることができる場合について地方財政法5条に列挙されている。本肢の地方債の借換えのために要する経費の財源とする場合は同条3号による。災害対策基本法102条の歳入不足を補う場合などによって特例的に起債が認められている。

3　誤り。前段は正しい。地方財政法5条3号，4号，5号は普通会計債で，同条1号は公営企業債である。引受先の資金には財政融資資金，地方公共団体金融機構資金，銀行等引受資金，市場公募資金がある。

4　誤り。前段は正しい（地方財政法5条の3・1項）。1項の協議の上，総務大臣又は都道府県知事の同意を得ないで地方債を起こす場合は，当該地方公共団体の長はその旨をあらかじめ議会に報告しなければならない（地方財政法5条の3・10項）。

5　誤り。財政再生団体は，総務大臣の同意を得ている場合に限り地方財政法5条の規定にかかわらず，収支不足額の範囲内で地方債を起こすことができる（地方公共団体の財政の健全化に関する法律12条1項）。

正解　2

Q 83 公有財産

★★

地方自治法に規定する公有財産に関する記述として，妥当なのはどれか。

1　公有財産とは，普通地方公共団体の所有に属する財産であり，不動産，動産，地上権などの用益物権は含まれるが，無体財産権，有価証券等は含まれない。

2　公有財産は，行政財産と普通財産に分類されるが，議会の議決があればいずれも売り払い，貸付けができ，私法上の契約により私権を設定することもできる。

3　普通地方公共団体の職員は，公有財産を譲り受け，又は自己の所有物と交換することができない。

4　公有財産の取得，管理，処分は原則として長の権限に属するが教育財産については，長の総括の下に教育委員会が管理する。

5　不動産及び動産の従物は公有財産ではない。

| 正解チェック欄 | 1回目 | 2回目 | 3回目 | Ⓐ |

```
           ┌─ 公有財産 ─┬─ 行政財産 ─┬─ 公用
財産 ──────┤    物品     └─ 普通財産 └─ 公共用
           ├─ 債権
           └─ 基金
```

1　誤り。公有財産には不動産，動産，地上権などの用益物権，意匠権（いしょうけん）などの無体財産権，投資信託などの受益証券が含まれる（法238条1項）。

2　誤り。**行政財産**は公用又は公共用として普通地方公共団体の行政遂行のための物的手段として利用される財産であるため，使用にあたっては制約がある（法238条の4）。**普通財産**は経済価値を保全発揮するため管理する財産であるので，議会の議決又は条例の規定により貸付け，売り払いができる（法238条の5・1項，237条2項）。

3　誤り。公有財産に関する事務に従事する職員は処分の公正を期するため，自ら取り扱いに係る公有財産の買受人となり，又は交換の当事者となることはできない（法238条の3・1項）。当該事務に従事しない職員はできる。

4　正しい。公有財産の取得，管理，処分は原則として長の権限に属する（法149条6号）が，教育財産については長の総括の下に教育委員会が管理するものとされている（法238条の2・1項，2項，地教行法28条）。

5　誤り。不動産及び動産の**従物**は，法238条1項3号により公有財産とされている。

正解　4

┌─────────────────────────────────────┐
│　　　　　　　　従　　物（じゅうぶつ）　　　　　　　　　│
├─────────────────────────────────────┤
│　家屋に対する建具や畳などのように，継続的にある主物の利用を│
│助けるためにそれに付属させられた物をいう。　　　　　　　│
└─────────────────────────────────────┘

Q. 84　行政財産

★★★

地方自治法に規定する行政財産に関する記述として，妥当なのはどれか。

1　行政財産は，貸付け，交換，売り払い，譲与の対象とすることは一切できない。

2　行政財産の目的外使用許可については，借地借家法の適用がないから公用，公共用に供するための必要性を生じたときは，許可を取り消すことができる。

3　公営住宅は中低所得者に住居を提供することを目的とした行政財産であるから，公営住宅の使用は目的外使用許可である。

4　行政財産である土地は，その現況を変更しない限りにおいて当該普通地方公共団体を受益者として政令で定める信託の目的によりこれを信託することができる。

5　行政財産の目的外使用許可を取り消した場合には，事情の有無を問わず使用者に対して補償することはないと解されている。

正解チェック欄	1回目		2回目		3回目		Ⓐ

　行政財産とは，所有する普通地方公共団体によって公用又は公共用目的のために供される財産（例えば庁舎，市民センターなど）であり，用途又は目的を妨げない限りにおいて使用させることができる。

1　誤り。行政財産は，法に掲げた要件に該当する場合にはその用途又は目的を妨げない限度において，貸付け又は私権の設定ができる（法238条の4・2項）。

2　正しい。行政財産の**目的外使用許可**については借地借家法の規定の適用がないので，公用，公共用の必要を生じたときは一方的に取り消すことができる（法238条の4・8項，9項）。

3　誤り。公営住宅は，公の施設であることから，入居者の決定という管理運営上必要な手続きは行政財産の目的外使用許可になる。しかし，公営住宅の使用関係については，私人間の賃貸借契約の関係と異ならないことから，一般法である民法及び借地借家法の適用があることを認めた判例がある（最判昭59.12.13）。

4　誤り。普通財産である土地については土地信託を行うことができるが（法238条の5・2項），行政財産である土地については行政遂行のための物的手段として利用される財産であるから認められない（法238条の4・1項）。

5　誤り。許可条件に違反する行為があると認められる場合等のように使用者に有責事由がある場合を別にして，普通地方公共団体が許可を取り消したことによる使用者の使用権の喪失について補償は必要ではないが，現実的な損失があれば補償の対象となると解すべきである（法238条の4・9項）（最判昭49.2.5）。

正解　2

Q. 85　普通財産

★★★

　地方自治法に規定する普通財産に関する記述として，妥当なのはどれか。

1　普通財産は，普通地方公共団体において公用又は公共用に供し，又は供することを決定した財産であり，用途又は目的外の使用を許可することはできない。

2　普通財産は，普通地方公共団体において公用又は公共用に供し，又は供することを決定した財産であり，その用途を廃止した後の財産は普通財産ではない。

3　普通財産は，行政財産以外の一切の公有財産であり，普通地方公共団体が私人と同等の立場で管理処分し，その収益を財源に充てることを主な目的とする。

4　普通財産は，行政財産以外の一切の公有財産であり，これには歳計現金，債権，普通地方公共団体が使用のために保管する動産等が含まれる。

5　普通財産は，住民の福祉を増進する目的をもってその利用に供するため普通地方公共団体が設置する施設であり，人的，物的要素を含む総合体である。

| 正解チェック欄 | 1回目 | | 2回目 | | 3回目 | | Ⓐ |

　普通財産とは，行政財産以外の一切の公有財産をいい（法238条4項），一般私人と同等の立場で経済価値を保全発揮するために管理する財産である。

1　誤り。前段は行政財産の説明である。普通財産は用途又は目的外の使用を許可することはない。

2　誤り。前段は行政財産の説明である。行政財産を廃止した後の財産は普通財産となる。

3　正しい。普通地方公共団体が財産権の主体として私法上の契約等を通じて運用しつつ，それによって生じた収益を当該普通地方公共団体の財源に充てることを主目的とする財産である（法238条3項，4項）。

4　誤り。**歳計現金**は財産であるが現金出納保管に関する規定に基づいて管理されることになっており（法235条の4・1項），取り扱い上公有財産には含まれない。**債権**は，財産であるが公有財産とは区分されている（法237条，240条）。使用のために保管する動産は財産区分上，物品に含まれ公有財産ではない（法239条1項）。

5　誤り。これは公の施設（法244条，例えば小学校，市民センター等）の説明であり，公の施設は行政財産である（法238条4項）。

正解　3

Q 86 債権

★★

地方自治法に規定する債権に関する記述として，妥当なのはどれか。

1　普通地方公共団体の長が行う債権の督促は，時効の更新の効力を有しない。

2　分担金，使用料，手数料等公法上の金銭債権に係る普通地方公共団体の歳入については5年間経過した際，時効の援用を要する。

3　国家賠償法に基づく普通地方公共団体に対する損害賠償請求権は私法上の金銭債権であるから，消滅時効については時効の援用が必要である。

4　普通地方公共団体の長は，私法上の債権で徴収停止又は履行延期の特約又は処分を行って10年経過しても同様の状態にあるときは当該債権を免除することができる。

5　普通地方公共団体の私法上の債権については，時効による権利の消滅以外の理由によって普通地方公共団体の権利を消滅させる場合は，権利の放棄にあたるので議会の議決が必要である。

| 正解チェック欄 | 1回目 | | 2回目 | | 3回目 | | |

　債権とは，特定人（債権者）が他の特定人（債務者）に対して一定の行為（給付）を請求することを内容とする権利をいう。

1　誤り。法令の規定により普通地方公共団体がする督促は，最初のものに限り時効の更新（時効の進行中に時効をくつがえすような事情が発生したことを理由として，それまでの時効期間の経過を全く無意味にすることをいう。地方公共団体の場合は，納入の通知又は督促は民法の規定にかかわらず，当初の1回目は時効の更新の効力を有することを認めている）（法236条4項）。

2　誤り。公法上の金銭債権については，財政収支を短期に確定する等の理由から5年の時効期間を定め，この期間を経過すれば時効が完成する絶対的消滅時効であるとされているから，援用を要しない（法236条1項）。

3　正しい。国家賠償法に基づく普通地方公共団体に対する損害賠償請求権は，私法上の金銭債権であって公法上の金銭債権ではないから，消滅時効については時効の援用が必要である（法236条2項）（最判昭46.11.30）。

4　誤り。履行延期の特約又は処分をした債権については，10年経過しても同様の状態にあると認められるときは，債権及びこれに係る損害賠償金等を免除することができる（令171条の7・1項）が，徴収停止の場合は免除できるとする規定はない。

5　誤り。履行延期の特約又は処分によって債権を免除する場合は議会の議決を要しない（令171条の7・3項）。

> 正解　3

Q 87 基　金

★★

地方自治法に規定する基金に関する記述として，妥当なのはどれか。

1　普通地方公共団体が決算上剰余金を生じた場合等において行う積立金は条例により設置されなければならないが，当該基金の管理及び処分に関し必要な事項は必ずしも条例で定めなくてもよい。

2　基金の運用から生ずる収益及び基金の管理に要する経費は，それぞれ毎会計年度の歳入歳出予算に計上しなければならない。

3　特定の目的のために資金を積み立てるために設置された基金を処分して，同基金の設置目的のために使用する場合歳入歳出予算に計上しなくてもよい。

4　普通地方公共団体が基金を設置した場合は，すべての基金について長は毎会計年度その運用の状況を示す書類を作成して監査委員の審査に付し，その意見をつけて議会に提出しなければならない。

5　普通地方公共団体の長は，基金に属する現金及び有価証券の出納及び保管の権限を有する。

| 正解チェック欄 | 1回目 | 2回目 | 3回目 | **A** |

　基金とは，地方公共団体が特定の目的のために財産を維持管理する目的で設置するものをいう。地方自治法上の基金としては，積立基金と運用基金の2種類がある。基金の設置は条例によらなければならない。

1　誤り。基金の設置は条例によらなければならない旨規定されている（法241条1項）。地方財政法4条の3の規定による積立は基金としての条例を必要とする（行実昭41.6.30）。基金の管理及び処分に関し必要な事項は条例で定めなければならない（法241条8項）。

2　正しい（法241条4項）。**総計予算主義**の原則を示すものであるとともに管理費によって基金の額が減少するのを防ぐ趣旨である。

3　誤り。基金を処分して設置目的のために使用する場合には，その処分による収入及びそれを財源とする経費のすべてを歳入歳出予算に計上しなければならない（法241条3項，4項）（行実昭39.12.24）。

4　誤り。特定の目的のために財産を維持し資金を積み立てるために設置される基金と，定額の資金を運用するための基金とがあるが，毎会計年度監査委員の審査に付し議会に提出するのは定額の資金を運用するための基金についてである（法241条5項）。

5　誤り。財産の管理は長の権限である（法149条6号）が，基金に属する現金及び有価証券の出納及び保管の権限は会計管理者が有する（法170条2項1号，3号）。

正解　2

| 総計予算主義 |

　一切の収入と一切の支出は必ず予算に計上するという建前をいう。

Q 88 住民監査請求

★★★

地方自治法に規定する住民監査請求に関する記述として，妥当なのはどれか。

1 請求に基づく監査の対象者は，普通地方公共団体の長，委員会又は委員に限られ職員は除かれる。

2 最高裁判所の判例では，普通地方公共団体の概算払による公金の支出についての住民監査請求は，正当な理由がない場合には当該公金の支出がされた日から1年を経過したときはできないとした。

3 請求権者は，法律上の行為能力を有する普通地方公共団体の住民で個人に限られている。

4 監査委員と外部監査人は，当該行為が違法であると思料するに足りる相当な理由があり，回復の困難な損害を避けるため緊急の必要があり，かつ公共の福祉を著しく阻害するおそれがないなどと認めるときは，執行機関や職員に対して，勧告等の手続が終了するまでその行為の停止を勧告できる。

5 普通地方公共団体の議会は，住民監査請求があった後に，当該請求に係る行為又は怠る事実に関する損害賠償又は不当利得返還の請求権その他の権利の放棄に関する議決をしようとするときは，監査委員の意見を聴くことができる。

| 正解チェック欄 | 1回目 | 2回目 | 3回目 | Ⓐ |

　住民監査請求とは，納税者たる住民が住民全体の利益を確保する見地から普通地方公共団体の**執行機関**又は職員の**違法**又は**不当な財務会計上の行為**又は**怠る事実**について監査委員に監査を求め当該行為又は怠る事実について予防，是正のための措置を求める請求をいう。

1　誤り。職員も含まれる（法242条1項）。

2　正しい（最判平7.2.21）。概算払は，普通地方公共団体の支出の一方法として地方自治法が認めているから，支出金額を確定する精算手続の完了を待つまでもなく財務会計上の行為としての公金の支出にあたる。したがって住民監査請求は当該公金の支出がなされた日から1年が経過したときはできないとされた。

3　誤り。住民の範囲は法律上の行為能力が認められている限り個人たると法人たるとを問わないとする（行実昭23.10.30）。

4　誤り。監査委員は，違法な財務会計行為について事前の停止を求める住民監査請求を通じて，行政自らの判断により対処できるようにした（法242条4項）。しかしこの制度は，公共の福祉の判断等，外部監査人の判断になじまない事項があるため外部監査人の権限とはされていない（法252条の43・5項）。

5　誤り（法242条10項）。

　平成24年4月20日最高裁第2小法廷判決（外2件）を引用したものである。普通地方公共団体の民主的かつ実効的な行政運営の確保を旨とする地方自治法の趣旨等に照らし，裁量権の範囲の逸脱又は濫用に当たらないよう求められた。これを受けて議会の議決が客観的かつ合理的に行われることに資するよう監査委員の意見聴取が義務づけられた。

正解　2

Q 89 住民訴訟①

★★

地方自治法に規定する住民訴訟に関する記述として，妥当なのはどれか。

1 住民訴訟は法規に適合しない行為の是正を求める訴訟で違法不当な場合に提起することができる。

2 行為の差止めを求める1号請求は，人の生命又は身体に対する重大な危害の発生の防止その他公共の福祉を著しく阻害するおそれがあるときでも，回復困難な損害を生ずるおそれがあるときは，することができる。

3 住民監査請求を経なくても普通地方公共団体の住民は住民訴訟を提起できる。

4 住民訴訟の出訴期間については，普通地方公共団体の行為である以上早期に行政運営の安定性を確保するため出訴期間が定められている。

5 住民訴訟の原告（住民）が勝訴（一部勝訴を含む。）した場合，弁護士に報酬を支払うべきときは，当該普通地方公共団体に対し，報酬額の範囲内で相当と認められる額の支払を請求できるが，法242条の2第1項第4号の場合に限られている。

| 正解チェック欄 | 1回目 | 2回目 | 3回目 | **A** |

1 　誤り。**住民訴訟**（法242条の２）は，自己の法律上の利益にかかわらない資格で提起する**民衆訴訟**（行訴法５条）であり，違法な行為又は怠る事実についてでき，不当な行為については訴訟提起できない。

　　なお，民衆訴訟は，特別に法律に定める場合に法律に定める者のみが提起できるもの（行訴法42条）で，その主要な訴訟は，①選挙無効又は当選無効の決定を求める選挙訴訟（公職選挙法203条，204条，207条，208条，211条）と②地方公共団体の住民が，地方公共団体に損失をもたらすような職員の財務上の違法行為の是正を求めて監査請求措置を経て提訴できる住民訴訟（法242条の２）である。

2 　誤り。「回復困難な損害を生ずるおそれがある場合に限る」という但書は削除され，「人の生命又は身体に対する重大な危害の発生の防止その他公共の福祉を著しく阻害するおそれがあるときは，することができない」とされた（法242条の２・１項，６項）。この規定は例外的な場合を想定して平成14年に設けられた。

3 　誤り。住民訴訟を提起できるのは，住民監査請求を経た当該地方公共団体の住民に限られる（法242条の２・１項）。住民監査請求をしなかった住民は訴訟参加のみが許される。

4 　正しい。普通地方公共団体の行為である以上早期に行政運営の安定性を確保するため短期（30日以内）の出訴期間が定められており不変期間とされている（法242条の２・２項，３項）。

5 　誤り。第４号に限らず「第１項の規定による訴訟を提起した者（住民）が勝訴（一部勝訴を含む。）した場合」とされている（法242条の２・12項）。

正解　**4**

Q 90 住民訴訟②

★★

地方自治法第242条の2第1項第4号に規定する住民訴訟に関する記述として，妥当なのはどれか。

1 住民は，普通地方公共団体に代位して行う当該職員に対する損害賠償の請求は行えないが，不当利得返還の請求は直接相手方に対して行うことができ，返還の範囲は利益の存する限度である。

2 住民は当該普通地方公共団体の執行機関又は職員に対して，当該職員又は相手方に損害賠償又は不当利得返還の請求を行うよう求める請求を行うことができる。

3 当該職員又は相手方が法243条の2の8第3項の賠償命令の対象となる者である場合にあっても住民は，損害賠償又は不当利得返還の請求を行うよう当該普通地方公共団体の執行機関又は職員に対して求める請求を行うことができる。

4 4号請求に係る訴訟が提起された場合，当該普通地方公共団体の執行機関又は職員は，当該職員又は相手方に対して訴訟告知することができる。

5 4号請求に係る訴訟が提起された場合の訴訟告知については，訴訟告知をした日から6カ月以内に裁判上の請求，破産手続参加，仮差押若しくは仮処分又は法231条に規定する納入の通知をしなければ時効更新の効力を生じない。

<table>
<tr><td rowspan="2">正解チェック欄</td><td>1回目</td><td>2回目</td><td>3回目</td><td rowspan="2"> A</td></tr>
</table>

1 誤り。不当利得返還の請求は，代位請求ではなく地方公共団体の長等に対して求める請求となった（法242条の2・1項4号）。また，不当利得返還の範囲は民法の規定により利得すべてに及ぶ。

2 正しい（法242条の2・1項4号）。このことにより地方公共団体の説明責任が果たされることになり，地方公共団体が有する証拠や資料の活用が容易になった。

3 誤り（法242条の2・1項4号但書）。この場合，当該賠償の命令をすることを求める請求を行う。

4 誤り。当該普通地方公共団体の執行機関又は職員は当該職員又は相手方に対して遅滞なく訴訟告知をしなければならない（法242条の2・7項）。

5 誤り。訴訟を告知した日ではなく，4号の規定による訴訟が終了した日から6カ月以内に裁判上の請求，破産手続参加，仮差押若しくは仮処分又は法231条に規定する納入の通知をしなければ時効の更新の効力を生じない（法242条の2・9項）。

    なお，訴訟告知があったときは4号訴訟が終了した日から6月を経過するまでの間は当該訴訟に係る損害賠償又は不当利益返還の請求時効は完成されない（法242条の2・8項）とされ，この時効猶予について，民法153条2項の規定（完成猶予の事由が生じた当事者及びその継承人の間にのみ，その効力を有する）を準用する（法242条の2・9項）。

正解 2

時効の完成猶予（旧法の停止）と更新（旧法の中断）

・時効の完成猶予とは，時効の成立が一定期間引き延ばされること。
・時効の更新とは，時効が成立されずに当初から数え直しになること。
　訴訟を提起すると旧民法では時効が中断するが，改正民法では完成猶予となるだけ。
　改正民法下で時効が更新されるのは裁判が確定したとき。

Q 91 職員の賠償責任

★★★

　地方自治法に規定する職員の賠償責任に関する記述として，妥当なのはどれか。

1　資金前渡を受けた職員が，その保管に係る現金を亡失したときはいかなる場合においてもこれによって生じた損害を賠償しなければならないが，この職員に対する賠償命令は退職後はすることができない。

2　物品を使用している職員が，その使用に係る物品を故意又は過失により損傷したときは，これによって生じた損害を賠償しなければならない。

3　会計管理者と会計管理者の事務を補助する職員が共謀して公金を横領したときは，それぞれの職分と損害発生の原因となった程度に応じて賠償責任を負う。

4　監査委員が賠償責任があると決定した場合においても，普通地方公共団体の長は賠償責任の全部又は一部を免除できる。

5　普通地方公共団体は，条例で定めれば普通地方公共団体の長等の当該普通地方公共団体に対する損害賠償責任を免れさせることができるが，善意であれば適用される。

正解チェック欄	1回目	2回目	3回目	Ⓐ

1　誤り。資金前渡を受けた職員が故意又は過失によりその保管に係る現金を亡失したときは，これによって生じた損害を賠償しなければならない（法243条の2の8・1項）。また職員は現金を亡失した当時職員であれば足りるから退職後又は死亡後も賠償責任を免れない（行実昭25.10.12）。

2　誤り。物品を使用している職員については軽過失の場合は責任を問わない（法243条の2の8・1項）。その理由は，物品が場所的，時間的移動が活発であり，軽過失による損害は蓋然性（がいぜん）をもって予想され，また一般職員との均衡等も考慮したものである。

3　正しい。2人以上の職員の行為によって生じたものであるときは，それぞれの職分と損害発生の原因となった程度に応じて賠償責任を負う（法243条の2の8・2項）。

4　誤り。普通地方公共団体の長は，損害が避けることのできない事故その他やむを得ない事情によるものであることの証明を相当と認めるときは，あらかじめ監査委員の意見を聴き，その意見を付けて議会に付議し，議会の同意を得て賠償責任の全部又は一部を免除できる（法243条の2の8・8項）。

5　誤り。法243条の2の7・1項。
職責その他の事情を考慮して最低責任限度額を条例で定めることができる。国が政令で定める参酌基準及び責任の下限額を受けて善意で重大な過失がないときに適用される。

正解	3

Q 92 公の施設①

★★★

地方自治法に規定する公の施設に関する記述として，妥当なのはどれか。

1 公の施設とは，住民の利用に供するための施設であり，庁舎はこれに含まれるが，公立学校は含まれない。

2 公の施設は，その設置に関する事項について法律又は政令に特別の定めがあるものを除き，条例でこれを定めなければならない。

3 公の施設は土地，建物に限られるから，動産である移動図書館，移動検診車等は公の施設に当たらない。

4 公の施設は，法律又は政令に特別の定めがない限り，その利用について使用料を徴収することはできない。

5 普通地方公共団体は，条例の定めるところにより公の施設の管理を個人に委託することができる。

正解チェック欄	1回目	2回目	3回目	A

公の施設の要件

設置主体	普通地方公共団体が設けるものである
目　　的	住民の福祉の増進を目的とするものである
利用主体	当該普通地方公共団体の住民の利用に供するものである
手　　段	施設

1　誤り。庁舎は本来的機能が住民の利用を予定していないから公の施設ではない（法244条1項）。公立学校は住民の利用に供するための施設であり公の施設である。

2　正しい。公の施設の設置とは普通地方公共団体が公共事務を遂行する上で必要とされる施設を建設し，設置条例を定め，設置目的にしたがって，使用を開始することである。供用開始には通常その旨の意思表示（設置条例の施行日）を必要とし，その意思的行為として法律又は政令に特別の定めがあるものを除くほか条例で定めなければならない（法244条の2・1項）。

3　誤り。公の施設は必ずしも土地，建物に限られるものでなく動産であっても公の施設になるものと解されている。移動図書館，移動検診車はこれに該当する。

4　誤り。条例で定めれば使用料を徴収できる（法225条，228条1項）。

5　誤り。普通地方公共団体が公の施設の管理を委託できる相手方は，普通地方公共団体が出資している法人その他の団体で当該普通地方公共団体が指定するもの（指定管理者）であり，個人にはできない（法244条の2・3項）。

正解	2

Q 93 公の施設②

★★

地方自治法に規定する公の施設に関する記述として，妥当なのはどれか。

1　普通地方公共団体が設置する公の施設の管理を指定管理者に行わせるために定める条例には，指定管理者が行う管理の基準及び業務の範囲についてのみ定めるものとする。

2　公の施設のうち重要なものについて，その設置及び廃止をするときは，議会において出席議員の3分の2以上の者の同意を得なければならない。

3　公の施設を長期かつ独占的に利用させようとするときは，議会において出席議員の過半数の者の同意を得なければならない。

4　公の施設は，その土地や建物などの物的要素は行政財産に属するが，これを公の施設の目的外に使用させる場合，行政財産の目的外使用として許可する必要はない。

5　普通地方公共団体は，指定管理者に当該公の施設の利用に係る料金を当該指定管理者の収入として収受させることができ，公益上必要があると認める場合を除き，条例の定めるところにより指定管理者が利用料金を定める。

正解チェック欄	1回目		2回目		3回目		Ⓐ

1　誤り。指定管理者の指定の手続きも定める必要がある（法244条の2・4項）。

2　誤り。条例で定める重要な公の施設のうち特に重要なものを設置ではなく廃止する場合は，議会において出席議員の3分の2以上の同意を要することとしている（法244条の2・2項）。

3　誤り。公の施設の長期かつ独占的利用を認める場合にも議会で出席議員の3分の2以上の同意を要する（法244条の2・2項）。

4　誤り。公の施設は公共用に供する行政財産であるから，本来の用途又は目的外に使用させる場合には行政財産の目的外使用として許可する必要がある（法238条の4・7項）。

5　正しい。普通地方公共団体は，適当と認めるときは，指定管理者にその管理する公の施設の利用に係る料金を収入として収受させることができる（法244条の2・8項）。また公益上必要があると認める場合を除くほか利用料金の基本的枠組（利用料金の金額の範囲，算定方法等）を条例で定め（平3.4.2通知），指定管理者が利用料金を定めるものとする（法244条の2・9項）。

正解　5

Q 94 国又は都道府県の関与

★★★

地方自治法に規定する普通地方公共団体に対する国又は都道府県の関与についての記述として，誤っているのはどれか。

1 普通地方公共団体は，その事務に関し，省令により国又は都道府県の関与を受ける。

2 協議による関与は，国又は都道府県の施策と普通地方公共団体の施策との間の調整が必要な場合に限られる。

3 国は，自治事務の処理に関し，原則として許可による関与はできない。

4 普通地方公共団体は，是正の要求を受けたときは，当該事務の処理について違反の是正又は改善のための必要な措置を講じなければならない。

5 各大臣が担任する普通地方公共団体の事務処理について，是正の要求等をした場合に普通地方公共団体が措置を講ぜず，国地方係争処理委員会へ審査の申出もしないとき等には，高等裁判所に対し当該普通地方公共団体の不作為の違法確認を求めることができる。

正解チェック欄	1回目	2回目	3回目	

1　誤り。普通地方公共団体は，その事務の処理に関し，法律又はこれに基づく政令によらなければ，普通地方公共団体に対する国又は都道府県の関与を受け，又は要することとされることはない（法245条の２）として**関与の法定主義**を明確にしている。したがって，省令又は通達を根拠に関与することは許されない。

2及び3　正しい（法245条の３・３項及び５項）。法245条の３は，関与の基本原則を定めている。同条１項では，関与を「その目的を達成するために必要な最小限度のものとするとともに，普通地方公共団体の自主性及び自立性に配慮しなければならない」と定め，**比例原則の適用**を明確にした。

国の関与の基本類型

事務の区分	関与の基本類型	そ　の　他
自治事務	・助言，勧告 ・資料の提出の要求 ・協議 (例外的に認められる) ・是正の要求	・個別法に基づく関与 ・同意，許可，認可，承認，指示（一定の場合に限定） ・代執行（できる限り不可）
法定受託事務	・助言，勧告 ・資料の提出の要求 ・協議 (例外的に認められる) ・同意	・許可，認可，承認 ・指示 ・代執行（限定的）

4　正しい。是正の要求は法的拘束力がある（法245条の５・５項）。

5　正しい（法251条の７）。従来は，普通地方公共団体が，国からの是正の要求等に応じた措置を講じない場合等の，事後的な解消手段が不十分であった。そこで司法的手続が整備され，平成24年の法改正で違法確認訴訟を提起できることとした。違法を確認することで適法性が既判力をもって確定される。

正解　1

Q 95 国と地方公共団体との間の係争処理

★★★

　地方自治法に規定する国地方係争処理委員会に関する記述として，妥当なのはどれか。

　1　国地方係争処理委員会は，常勤の5人の委員をもって組織され，委員は，総務大臣の許可がある場合を除き，報酬を得て他の職務に従事し，又は営利事業を営んではならない。

　2　総務大臣は，国地方係争処理委員会の委員が破産手続開始の決定を受け，又は禁錮以上の刑に処せられたときは，両議院の同意を得て，その委員を罷免することができる。

　3　普通地方公共団体の長は，国地方係争処理委員会に対し，国の関与に関する審査の申出をしようとするときは，相手方となるべき国の行政庁に対し，その旨をあらかじめ通知しなければならない。

　4　普通地方公共団体の長は，その担任する事務に関する国の不作為に不服があっても，国地方係争処理委員会に対し当該国の不作為に係る審査の申出をすることはできない。

　5　国地方係争処理委員会は，法定受託事務に関する国の是正の要求が，普通地方公共団体の自主性を尊重する観点から不当であると認めるときは，国の当該行政庁に対し，必要な措置を講ずべきことを勧告しなければならない。

正解チェック欄	1回目	2回目	3回目	Ⓐ

1 誤り（法250条の8・1項，2項，250条の9・15項）。委員は5人で組織し非常勤とするが，そのうち2人以内は常勤とすることができる。常勤の委員は，在任中，総務大臣の許可がある場合を除いては報酬を得て他の職務に従事し，又は営利事業を営んではならない。

2 誤り（法250条の9・8項）。総務大臣は委員が破産手続開始の決定を受け又は禁錮（令7.6.1より「拘禁刑」）以上の刑に処せられたときは，その委員を罷免しなければならない。

3 正しい（法250条の13・7項）。

4 誤り（法250条の13・2項）。不作為に係る審査の申出も対象とされている。

5 誤り（法250条の14・1項，2項）。法定受託事務の場合は国の関与の違法性の審査のみが可能であるが，自治事務の場合は国の関与が違法か否かのみならず，普通地方公共団体の自主性，自立性を尊重する観点から不当でないかも審査できる。審査の結果，違法又は不当であると認めるときは勧告，通知，公表しなければならない。

正解 3

Q 96 普通地方公共団体相互間の協力

★

　地方自治法に規定する普通地方公共団体相互間の協力に関する記述として，妥当なのはどれか。

1　普通地方公共団体は，他の普通地方公共団体との連携を図るため協議により連携協約を締結できるが，異なる都道府県の区域に所在する市町村とは締結できない。

2　普通地方公共団体の協議会が事務を管理し執行した場合の効力は，関係普通地方公共団体の長その他の執行機関の行為であると認められる。

3　普通地方公共団体は，行政機関等について，議会事務局とその内部組織も共同設置できるが，議会の事務を補助する職員は共同設置することができない。

4　協議会を設ける普通地方公共団体，機関等を共同設置する普通地方公共団体又は一部事務組合を組織する普通地方公共団体は，その議会の議決を経て事前に予告すればいつでも脱退できる。

5　事務の委託を行う場合，関係普通地方公共団体の協議を行うが，この協議については議会の議決を経なければならないが，総務大臣又は都道府県知事への届出は不要である。

正解チェック欄	1回目	2回目	3回目

1 誤り（法252条の2・1項）。**連携協約**は都道府県と市町村の間や異なる都道府県の区域の市町村の間など，いかなる地方公共団体の間においても地域の実情に応じて締結することが可能である（平26.5.30通知）。

2 正しい（法252条の5）。協議会は普通地方公共団体の区域を超越して行政の執行を合理化することに目的がある。また，協議会は関係普通地方公共団体の共同の執務組織というべきものであることから，協議会の執行した効力は関係普通地方公共団体その他の執行機関の行為と認められる。

3 誤り。平成23年の法改正により議会事務局，その内部組織と議会の事務を補助する職員も協議により規約を定めて共同設置できる（法252条の7）ものとされた。

4 誤り（法252条の6の2，252条の7の2，286条の2）。2年前までに書面で予告することが必要である。社会状況の変更等があっても事務処理の枠組みを容易に変更できない支障を解消するため，平成24年に法改正がなされた。

5 誤り。**事務の委託**は普通地方公共団体の経費節約及び合理的行政の確保から行うものであり，委託した普通地方公共団体は管理執行権限を失うことから議会の関与は必要不可欠である。また総務大臣，都道府県知事への届出は国の行政的関与から義務とされている（法252条の14・3項）。

正解 2

「連携協約」制度

連携協約は，従来のように別の共同組織を作るのではなく，より効率的な相互協力の仕組みである。したがって，柔軟な連携を可能とするため，記載事項について詳細な規定を置かず，地域の実情に応じた運用を可能にしており，紛争解決の手続きも盛り込んでいる。実効性を担保するため自治法上の契約とした。

Q 97 条例による事務処理の特例

★

地方自治法に規定する条例による事務処理の特例に関する
記述として，妥当なのはどれか。

1 条例による事務処理の特例は，条例の定めるところに
より都道府県知事の権限に属する事務の一部を市町村が
処理することとするものであることから，事務の委託の
制度と異なるものではない。

2 条例による事務処理の特例は，都道府県が市町村長と
協議して都道府県の事務として市町村長に処理させる制
度である。

3 普通地方公共団体は，その事務の一部を，当該普通地
方公共団体の名において，他の普通地方公共団体の長等
に管理・執行させることができる。

4 条例の定めるところにより，市町村が処理することと
された事務のうち，自治事務の処理について是正の要求
を行った都道府県知事は，法252条1項各号のいずれに該
当しても，各大臣の指示がない場合は，市町村の不作為
の違法確認を求めることができない。

5 条例による事務処理の特例により都道府県知事の権限
に属する事務の一部を市町村が処理することとなった事
務について，国の行政機関による助言等の関与は常に直
接市町村に対して行うことができる。

正解チェック欄	1回目	2回目	3回目	**A**

1　誤り。事務の委託の制度（法252条の14）は，都道府県と市町村だけでなく市町村相互間でも適用され，長以外の執行機関の権限に属する事務も委託対象で，協議には双方の議会の議決を要するなど条例による事務処理の特例制度とは次の点で異なる。

条例による事務処理の特例	事務の委託
都道府県から市町村	都道府県と市町村以外に市町村相互間も対象
長以外の執行機関には個別法の規定が必要（地教法55条）	長以外の執行機関も対象
あらかじめ都道府県知事から市町村長への協議が必要	双方の協議（議会の議決）が必要

2　誤り。条例による事務処理の特例制度は，都道府県の条例の定めるところにより市町村が事務を処理することとする制度である（法252条の17の2・1項）。その場合，都道府県の自治事務であれば市町村の処理する事務は市町村の自治事務となり，また都道府県の第1号法定受託事務であれば，その事務は市町村の処理する第1号法定受託事務となる。

3　正しい（法252条の16の2・1項）。事務の代替執行は，事務の委託とは異なり事務処理権限が移らない。この規定は，都道府県が事務の一部を市町村に代わって処理することを念頭に平成26年の法改正で制度化されたものである（平26.5.30通知）。

4　誤り（法252条の17の4・3項）。法252条・1項各号のいずれかに該当するときは，各大臣の指示がない場合であっても，法252条2項の規定により都道府県知事は市町村の不作為の違法確認を求めることができる。

5　誤り。国の行政機関が市町村に対して行う助言等の関与や，協議は都道府県知事を通じて行い，また国の行政機関が市町村に対して行う許認可等に係る申請は都道府県知事を経由して行うものとされた（法252条の17の3・2項，3項）。

正解　3

Q 98 特別区

★★

地方自治法に規定する特別区に関する記述として，妥当なのはどれか。

1 特別区は，都の内部的団体ではあるが，基礎的な地方公共団体として位置づけられており，地方公共団体の組合，財産区とともに法人格を認められた特別地方公共団体である。

2 特別区は，特別区の区域で都が一体的に処理する事務を除き，一般的に市町村と同様の事務を処理することとされており，一般廃棄物や消防に関する事務などを管理・執行している。

3 特別区は，特別地方公共団体であり，総務大臣は特別区財政調整交付金に関する事項について必要があると認めるときは必要な助言や勧告を行うことができる。

4 特別区の廃置分合及び境界変更の手続については，特別区の再編を促進する観点から，関係特別区からの申請を必要とせず，関係特別区の同意を得て，都知事が発議することとされている。

5 都区協議会は，都と特別区及び特別区相互間の連絡調整を図るために設置されており，都区協議会の会長は都知事をもって充てることとされている。

| 正解チェック欄 | 1回目 | | 2回目 | | 3回目 | | |

1 誤り。都と特別区の役割分担において特別区は基礎的な地方公共団体として規定されており（法281条の2・2項），都の内部的団体ではない。後段は正しい（法1条の3・3項）。

2 誤り。前段は正しい（法281条の2・2項）。特別区は，一般廃棄物に関する事務は管理，執行しているが，消防に関する事務については，消防組織法によって特別区の存する区域においては特別区が連合して責任を有するが，管理は都知事が行っている（消防組織法6条，26条，27条）。

3 正しい。東京都は政令の定めるところにより条例で特別区財政調整交付金を交付する（法282条1項）。総務大臣は必要があると認めるときは助言又は勧告を行うことができる（法282条4項）。

4 誤り。特別区の廃置分合及び境界変更は，関係特別区の申請に基づき都知事が都議会の議決を経てこれを定め，直ちに総務大臣に届け出なければならない（法281条の4・1項，3項，10項）。

5 誤り。前段は正しい（法282条の2・1項）。都区協議会の会長は，委員の互選によって定めるとされている（令210条の16・5項）。

正解 3

Q 99 大都市に関する特例

★★

　地方自治法に規定する大都市に関する特例に関する記述として，妥当なのはどれか。

1　指定都市は，政令で指定する人口50万以上の市で，一定の面積を有することが要件であり，条例で区を設置するが，この区は法人格を有していない。

2　中核市は，人口30万以上を有することが要件であり，中核市の申出をしようとする市は当該市の議会の議決を必要とするが，当該市を包括する都道府県の同意は必要ない。

3　指定都市は，その行政の円滑な運営を確保するため，必要があると認めるときは条例で総合区を設け総合区長を置く。総合区長は，議会の同意を得て選任されるが，任期はない。

4　指定都市及び包括都道府県の事務の処理について必要な協議を行うため，指定都市都道府県調整会議を設けるが，その構成員として，指定都市と包括都道府県の議会の議員を加えることができる。

5　指定都市は，必要と認めるときは条例で区ごとに区地域協議会を置くことができるが，その区域内に地域自治区が設けられる区には，区地域協議会を設けることはできない。

| 正解チェック欄 | 1回目 | 2回目 | 3回目 | |

1 誤り。政令で指定する人口50万以上の市が自治法上の指定都市であり面積は要件とされていない（法252条の19・1項）。また市長の権限に属する事務を分掌させるため条例で区を設置する（法252条の20・1項）が、行政区であるため法人格はない。

2 誤り。中核市の要件は人口20万以上を有する市であるものとされている。中核市の申出をしようとするときは都道府県の同意も必要である（法252条の22，252条の24）。人口20万以上であれば，保健所を設置することで，中核市になるという形で中核市と特例市を統合し特例市を廃止した。

3 誤り（法252条の20の2・1項，3項，4項，5項）。指定都市は既に行政区を単位として行政機関を設置している。このことから，平成26年の法改正で区への権限移譲を進めるためには総合区を設置して，市長の権限の一部を特別職の総合区長に執行させることができるものとした。総合区長は，議会の同意を得て選任され，任期は4年で，市長は任期中であっても総合区長を解職できる。後段が誤り。

4 正しい（法252条の21の2・1項，2項，3項）。指定都市都道府県調整会議の構成員として議会の議員を加えることができる。それ以外に市長，知事以外の執行機関の補助職員，市長・知事の補助機関の職員，学識経験者を加えることができる。指定都市の都道府県の二重行政の問題については当事者間（指定都市都道府県調整会議）の真摯な協議によって解決されることが望ましいとしている（平26.5.30通知）。

5 誤り（法252条の20・7項）。地域住民の意見を反映させつつこれを処理させるため条例で区ごとに区地域協議会を置くことができるものとした。この場合において，その区域内に地域自治区が設けられる区には区地域協議会を設けないことができる。

正解 **4**

Q 100 広域連合

★

　地方自治法に規定する広域連合に関する記述として，妥当なのはどれか。

1　都道府県の加入する広域連合の協議会は，当該広域連合の長，国の地方行政機関の長及び当該広域連合を組織する地方公共団体である都道府県の知事をもって組織する。

2　都道府県の加入しない広域連合を解散しようとするときは，関係地方公共団体の協議により，都道府県知事に届出をしなければならず，当該都道府県知事は，解散の届出があったときは，直ちにその旨を公表しなければならない。

3　都道府県の加入しない広域連合の長は，その議会の議決を経て，都道府県に対し，当該広域連合の事務に密接に関連する都道府県の事務の一部を当該広域連合が処理することとするよう要請することができる。

4　広域連合には，執行機関として長に代えて理事会を置くことは規約に定めることができないためできない。

5　広域連合の議会の議員は，政令で特別の定めをするものを除くほか，広域連合の規約で定めるところにより，広域連合を組織する地方公共団体の長が投票によりこれを選挙する。

正解チェック欄	1回目	2回目	3回目	Ⓐ

　いくつかの都道府県や市区町村が連合して医療や福祉，ニュータウンなどの地域開発，廃棄物処理対策，自然保護などの広域行政に共同で取り組む特別地方公共団体の制度が**広域連合**である。

　設立にあたっては，都道府県や市区町村と同様に知事や市長に当たる首長や議員を置くが，議員や執行機関の選出は間接選挙でも直接選挙でもよい。議決機関と執行機関の両方の性格を併せ持つ討議制も採用でき，その場合，広域連合の事務を管理執行する特別職のマネージャー制も採用できる。広域連合は設けられた後，速やかに議会の議決を経て広域計画を作成しなければならない。

　この際，地方分権改革推進計画に基づく義務付けの廃止により組織する地方公共団体の長並びに総務大臣又は都道府県知事への公表・提出義務は廃止された（平成23年の法改正）。国から直接その広域連合に権限移譲することができ広域連合側からも国に対して権限の移譲を要求できる。

1　誤り。当該広域連合を組織する地方公共団体である都道府県の知事は除かれている（法291条の8・2項）。

2　誤り。法284条2項の例により都道府県の加入するものにあっては総務大臣，その他のものにあっては都道府県知事の許可を受けなければならない（法291条の10・1項，3項）。

3　正しい（法291条の2・5項）。

4　誤り（法291条の13）。平成24年の法改正により，法287条の3・2項の一部事務組合の規定が準用されることになった。規約に定めるところにより管理者に代えて理事をもって組織する理事会を置くことができる。

5　誤り。広域連合の議会の議員は，広域連合の選挙人が投票により又は広域連合を組織する地方公共団体の議会においてこれを選挙する（法291条の5・1項）。

正解　3

Q 101 一部事務組合

★★

地方自治法に規定する一部事務組合に関する記述として，妥当なのはどれか。

1 すべての一部事務組合は，規約で定めるところにより当該一部事務組合の議会を構成団体の議会をもって組織することができる。

2 地方公共団体の組合は，一部事務組合及び広域連合とする。

3 総務大臣は公益上必要がある場合，都道府県，市町村及び特別区に対し一部事務組合又は広域連合を設けるべきことを勧告できる。

4 市町村の一部事務組合については，その共同処理事務が組合を構成するすべての市町村に共通する種類のものでなくてはならない。

5 一部事務組合を解散しようとするときは，関係地方公共団体の議会の議決がなくても組合の理事会において決定して総務大臣又は都道府県知事に届け出を行えばよいものとされている。

正解チェック欄	1回目	2回目	3回目	A

　一部事務組合は地方公共団体における事務を共同処理するため，総務大臣又は都道府県知事の許可を得て設置される特別地方公共団体である。法人格が認められ，行政主体として規約に定められた事務を処理する権能があるが，課税権は認められていない。例として東京都特別区人事・厚生事務組合がある。

　平成23年の法改正により，地方公共団体の組織及び運営について，その自由度の拡大を図るための措置として，それまであった全部事務組合，役場事務組合及び地方開発事業団が廃止された。

1　誤り（法287条の2・1項）。当該一部事務組合の議会を構成団体の議会をもって組織することができることとされた（特例一部事務組合）が，一部事務組合を構成団体とするもの並びに複合的一部事務組合（法285条），管理者に代えて理事会を置くものは除かれる。

2　正しい。（法284条1項）。

3　誤り。「総務大臣」ではなく「都道府県知事」は公益上必要がある場合，関係のある市町村及び特別区に勧告できる（法285条の2・1項）。

4　誤り。**一部事務組合**で共同処理する事務は組合を構成するすべての市町村に共通して関係することのない場合をも認めたものである（法285条）。

5　誤り。一部事務組合を解散しようとするときは，関係地方公共団体の議会の議決を経た上で，総務大臣又は都道府県知事に届け出をしなければならない（法288条，290条）。

正解　2

頻出ランク付・昇任試験シリーズ2

地方自治法101問〈第8次改訂版〉

平成 7 年10月 1 日	初版発行
平成12年 3 月 1 日	第 1 次改訂版発行
平成14年10月15日	第 2 次改訂版発行
平成18年12月11日	第 3 次改訂版発行
平成23年 9 月25日	第 4 次改訂版発行
平成25年12月18日	第 5 次改訂版発行
平成29年 4 月12日	第 6 次改訂版発行
平成30年 4 月18日	第 7 次改訂版発行
令和 6 年 3 月22日	第 8 次改訂版発行

編著者　地方公務員
　　　　昇任試験問題研究会
発行者　佐久間重嘉

学陽書房

東京都千代田区飯田橋 1-9-3
（編集）☎ 03（3261）1112
（営業）☎ 03（3261）1111
http://www.gakuyo.co.jp/

© 地方公務員昇任試験問題研究会2024, Printed in Japan
ISBN 978-4-313-20728-8　C2332
印刷／精文堂印刷　製本／東京美術紙工
乱丁・落丁本は、送料小社負担でお取り替え致します

完全整理　図表でわかる地方自治法〈第6次改訂版〉

地方公務員昇任試験問題研究会　編著
A5判並製　定価2,860円（10％税込）

地方自治法の全容と重要な実例・判例を網羅し、図表の形式
を用いて解説した昇任試験テキスト。複雑な制度がひと目で
わかると、歴代の合格者が勧める昇任試験参考書の定番！

試験・実務に役立つ！
地方自治法の要点〈第12次改訂版〉

檜垣正已　著
四六判並製　定価2,420円（10％税込）

地方自治法の最も重要な101項目を見開きで解説。
持ち運びに便利なコンパクトサイズのテキストで、昇任試験
学習に不可欠な一冊！

頻出ランク付・昇任試験シリーズ4
行政法101問〈第3次改訂版〉

地方公務員昇任試験問題研究会　編
四六判並製　定価2,090円（10％税込）

試験に出る行政法をマスターするための必須101問！　初心
者が苦手とする許可、特許、認可といった行政行為の分類か
ら、頻出の行政手続法、行政事件訴訟法までをしっかり解説。